Dr. med. N. Fausto Pagnamenta

Kinder im Licht

Die Farbpunktur in der Kinderheilkunde

Dr. med. N. Fausto Pagnamenta

Kinder im Licht

Die Farbpunktur in der Kinderheilkunde

aus dem Italienischen von Maria Rossi

ESOGETICS

heilkraft der farben

Die Deutsche Bibliothek – CIP-Einheitsaufnahme

Pagnamenta, Dr. med. N. Fausto
Kinder im Licht – Die Farbpunktur in der Kinderheilkunde
Luzern; Peter Mandel Stiftung für Esogetische Medizin
Original-Titel: Cromoterapia per bambini ed il cigno, I-Peschiera del
Garda, 1996
ISBN 978-3-925806-93-3

5. Auflage 2018
© by esogetics GmbH, D-76646 Bruchsal
Alle Rechte, auch die des auszugsweisen Nachdrucks
und der fotomechanischen Wiedergabe, vorbehalten.

Übersetzung: Maria Rossi
Illustrationen: Gigi Fontana, Sudas Forte
Fotoaufnahmen: Fotostudio Kaiser, Bruchsal
Bildbearbeitung: Hans-Jürgen Mandel
Lektorat: Klaudia Ziemer
Umschlaggestaltung: Hans-Jürgen Mandel
Satz und Layout: Hans-Jürgen Mandel
Druck: Druck & Kalendermarketing Sosset GmbH, 88353 Kisslegg
ISBN 978-3-925806-93-3

Inhaltsverzeichnis

Dieses Buch ist sowohl für diejenigen gedacht, die beginnen, sich für die Farbpunktur zu interessieren, als auch für solche, die sich bereits damit beschäftigen und diese therapeutische Methode bereits erlebt und genossen haben.

Mit farbigem Licht und einer einfachen, sanften Technik erreichen wir heute positive Ergebnisse, die für die traditionelle Medizinwissenschaft oft genug überraschend und verblüffend sind.

So zum Beispiel werden bei Patienten Symptome nicht nur abgeschwächt oder gar aufgelöst, sondern es finden darüber hinaus tiefe Veränderungen statt, die mit dem Bewusstsein und der Deutung des Symptoms zu tun haben. Diese Veränderungen führen zur persönlichen Weiterentwicklung und damit zur wahren Heilung.

Nach siebenjähriger Erfahrung in der pädiatrischen Farbpunktur habe ich die Reaktionen der Kinder auf diese therapeutische Behandlung beobachten können. Veränderungen von Symptomen stellen sich bei Kindern oft schneller und – schon nach wenigen Behandlungen – sichtbarer ein als bei Erwachsenen. Außerdem bereitet die Farbtherapie den Kindern großes Vergnügen. Nicht selten sind sie regelrecht enttäuscht, wenn die Behandlung beendet wird.

Da jede einzelne Zelle unseres Körpers Licht abstrahlt, fügt die Farbpunktur dem Menschen nichts Neues hinzu. Sie versucht lediglich, diese seit jeher in uns vorhandene Urenergie auszugleichen, wenn sie – wie im Falle einer Erkrankung – gestört oder verzerrt ist. Je zahlreicher allerdings die Schichten oder Panzer sind, unter denen wir unsere Energie »versteckt« haben, desto schwieriger wird es, zu ihr vorzudringen und sie zu aktivieren. Da Kinder sich während ihres bisher kurzen Erdendaseins erst wenige dieser Schutzhüllen zugelegt haben, reagieren sie in der Regel schneller auf die Farbpunktur.

Alle Therapien der Farbpunktur und die betreffenden Hinweise, die in diesem Handbuch beschrieben sind, stammen aus überprüften Erfahrungen. Obwohl wir zum besseren Verständnis symptomatische Hinweise beschreiben, darf man nicht vergessen, dass die Farbpunktur keine symptomatische, sondern eine holistische Medizin ist, die das menschliche Wesen auch in seinem Inneren erfasst.

Alle Diagnosen und Behandlungen, die in diesem Handbuch beschrieben sind, sollen nicht als Ersatz für eine fachärztliche Konsultation betrachtet werden. Denn alles, was die Gesundheit betrifft, erfordert primär eine ärztliche Diagnose.

Erster Teil

Einführung in die Farbtherapie

Das Kind, das beim Spaghetti-Essen einschlief

Eines Tages kam Andreas, ein zweijähriges, hübsches, lustiges und quicklebendiges Kind in meine Praxis. Von ihm konnte man sagen, dass es sich bester Gesundheit erfreute.

Krank allerdings waren seine Eltern, die ihn begleiteten. Man sah ihnen die Müdigkeit an, sie hatten Augenringe, waren gereizt und verzweifelt. Der Grund: Seit mindestens einem Jahr weigerte sich Andreas, vor Mitternacht ins Bett zu gehen.

Die Eltern kamen zu mir in der Hoffnung, dass ich ihnen mit der Farbtherapie helfen könne. Ich begann sofort mit der Therapie. Am folgenden Tag rief mich die Mutter sehr besorgt an. Nicht, weil das Kind sie wieder den ganzen Abend wachgehalten hatte. Im Gegenteil: Während des Abendessens war Andreas von einer Sekunde zur anderen eingeschlafen –

sein Gesicht landete dabei mitten im Spaghetti-Teller mit Tomatensoße!

Sie werden sich jetzt fragen, wieso fünf Minuten Bestrahlung mit rotem und violettem Licht auf Andreas' Körper eine solch enorme Wirkung haben können? Um diese Frage zu beantworten, muss ich etwas weiter ausholen.

Die Wunder des Lebens

In meinem Leben hatte ich selbst manches Mal Grund, mich zu wundern. So erlebte ich mein erstes »Wunder«, als ich nach vielen Jahren medizinischer und pädiatrischer Studien an der Universität den ersten Konsultationstag in meiner Privatpraxis beendete. Ich war emotional erschöpft – nicht wegen der neuen Arbeit, sondern weil ich Kinder untersucht hatte, die unter Beschwerden litten, die ich während meiner elf Studienjahre nie gesehen und studiert hatte: Schlafstörungen, kolikartige Schmerzen bei Neugeborenen, Bauchschmerzen, die sich regelmäßig morgens vor dem Weg in die Schule einstellten, Kopfschmerzen unbekannter Herkunft und Lern- bzw. Konzentrationsstörungen bei ansonsten gesunden jungen Menschen.

An jenem Abend dachte ich, der falsche Mann am falschen Platz zu sein! Viel später habe ich angefangen zu verstehen, dass der Arzt sich nicht mit der Krankheit des Kindes, sondern mit dem kranken Kind beschäftigen muss. An den Universitäten lernen wir, dass man den Patienten nach allen Beschwerden, die einem bekannten Krankheitsbild entsprechen, fragen muss. Erst

später habe ich verstanden, dass es viel wichtiger ist herauszufinden, warum ein Mensch eine bestimmte Krankheit hat.

Noch einmal geriet ich ins Staunen, als nach etlichen Jahren, in denen ich als Kinderarzt im Kreißsaal viele Geburten erlebt hatte, mir ein fünf Minuten altes Kind direkt in die Augen sah und mich anlächelte. An der Universität hatte ich gelernt, dass Kinder erst ab dem ersten Lebensmonat bewusst jemanden anlächeln können. Dieses »Ereignis« geschah in den siebziger Jahre, als wir im Krankenhaus die sogenannte »sanfte Entbindung« einführten und der Mutter und dem auf die Welt kommenden Kind mehr Beachtung schenkten. Seitdem haben sich solche kleinen Wunder noch häufiger wiederholt.

Leboyer und die sanfte Geburt

Im Jahre 1975 hielt sich in Locarno Dr. F. Leboyer auf, der Mann, dem es zu verdanken ist, dass die unmenschlichen Gewohnheiten beim »Empfang« eines Neugeborenen, die bis zu jener Zeit in der ganzen westlichen Welt gang und gäbe waren, abgeschafft wurden. Junge Leserinnen können sich vielleicht gar nicht mehr vorstellen, wie noch vor zwanzig Jahren Neugeborene »empfangen wurden«. Einige Mütter haben mir erzählt, dass ihr erstes Kind sofort nach der Geburt noch im Kreißsaal unter den Wasserhahn gehalten wurde, um gesäubert zu werden. Danach wurde es gewickelt und sogleich in die Neugeborenenabteilung gebracht. Dies geschah nicht in irgendeinem Entwicklungsland, sondern hier bei uns in Europa.

Zusammen mit Dr. Leboyer erlebte ich viele Geburten und konnte so die Schönheit und Einzigartigkeit eines neugeborenen Kindes neu entdecken lernen.

Dank Dr. Leboyer ist das Licht im Kreißsaal gedämpfter, alle sprechen leiser, und das Neugeborene wird vor den Augen der Mutter sanft in eine kleine Badewanne mit warmem Wasser eingetaucht. Der Vater hält das Kind im Wasser und streichelt es liebevoll. Während der ersten Entbindungen mit Leboyer hatte ich das Gefühl, bis zu diesem Zeitpunkt nie wirklich einer natürlichen Entbindung beigewohnt zu haben.

Mein drittes »Wunder« erlebte ich, als ich Kinder von Schmerzen und Verhaltensstörungen genesen sah, und zwar nach Bestrahlung mit farbigem Licht auf bestimmte Punkte der Haut.

Einen dieser Fälle kennen Sie ja bereits: Andreas, der im Spaghetti-Teller einschlief …

Auch das habe ich nicht an der Universität gelernt … vielleicht, weil es dort keine Spaghetti gab …

Körper und Geist

Innerhalb der letzten Jahrzehnte hat die Medizin eine unvorstellbare Entwicklung durchgemacht. Die Geburt der medizinischen Wissenschaft können wir im 18. Jahrhundert ansiedeln, als ein Philosoph namens Cartesio beweisen wollte, dass der Mensch aus zwei verschiedenen Teilen besteht: dem Körper und dem Geist.
Diese Erkenntnis hat das Studium der Medizin sehr vereinfacht. Seele oder auch Psyche blieben »Sache« der Religion,

und der Körper, das heißt der funktionierende Teil, konnte unbedenklich von den wissenschaftlichen Forschern studiert werden. In der Schulmedizin existiert diese klare Trennung von Körper und Geist noch heute, obwohl sie selbst vor kurzem das genaue Gegenteil beweisen konnte.

Trennung bedeutete zum Beispiel, dass weder der Körper, noch die Krankheit oder die Schmerzen eine Beziehung zum Geist haben und umgekehrt: Der Geist, die Gefühle und die Emotionen hätten keinen Einfluss auf den materiellen Körper. Eine solche Annahme lässt uns heute lächeln, obwohl es noch immer Ärzte geben soll, die diese Meinung vertreten …
Vor wenigen Jahren führte die amerikanische Medizinervereinigung unter ihren Mitgliedern eine Umfrage durch.

Die Testpersonen wurden ge-
fragt, ob sie glaubten, dass der
Geist einen Einfluss auf den
Körper ausübe. Das Ergebnis
war erstaunlich: 80 Prozent der
Befragten antworteten, dass der
Geist keinen Einfluss auf den
Körper ausübe. Man könnte
sich nun fragen, wie diese
Ärzte gehen, essen und schlafen können – alle diese Aktivitäten hängen nun einmal
ausschließlich von unserem
Geist ab! Das Ergebnis dieser
Umfrage lässt uns erahnen, wie
tief ein vor vielen Jahrhunderten entstandener Glaube
auch heute noch in vielen
Menschen verwurzelt ist.

In den letzten Jahren hat die
medizinische Forschung begonnen, die enge Beziehung
zwischen Geist und Körper
vom physiologischen Gesichts-
punkt aus zu erforschen.
Mittlerweile kam man zu
erstaunlichen Ergebnissen.

Lachen ist gesund

Wenn wir einen Gedanken, ein
Gefühl von Glück oder Traurigkeit haben, erzeugen die Zellen
des Gehirns in demselben
Augenblick eine winzige Substanz, die »Botschafter« genannt
wird. Dieser Name entspringt
der Tatsache, dass diese
Substanz sich sehr schnell zum
Randgebiet des Körpers bewegt
und die »Botschaft der Glück-
seligkeit oder Traurigkeit« über-
bringt. Sie lässt sich in den ihr
bestimmten Organnischen nie-
der. Wir können uns deswegen
vorstellen, dass – wenn wir
glücklich sind – nicht nur unser
Geist, sondern auch unser
Körper glücklich sein wird.
Einige Ärzte sind der Ansicht,
dass auch Arzneien dieselbe
»Botschafterwirkung« auf uns
ausüben können und wir deshalb kein Glücksgefühl mehr
empfinden können, weil bereits
ein Beruhigungsmittel die der

Glücksempfindung vorbehaltene Körpernische »besetzt« hat.

In der Einführung des Buches »Der innere Heiler« von Locke und Colligan, die in einfacher und tiefgründiger Weise die Resultate dieser Forschungen vorstellen, behauptet Professor Mario Farnè:

»Wenn ich noch vor zehn Jahren gelesen hätte, dass Lachen eine positive Wirkung auf den Verlauf organischer Krankheiten auslöst, hätte ich mich totgelacht. Wenn ich außerdem gelesen hätte, dass in amerikanischen Krankenhäusern auch Clowns und Komiker in einer heilenden Funktion arbeiten, hätte ich sicher gedacht, dass es sich um eine typisch amerikanische Übertreibung handeln würde. Wir alle haben gehört, dass Lachen gesund ist, aber ich glaube, dass niemand sich auf diese Therapie verlassen hätte.

Zehn Jahre sind vergangen, und das Lachen als therapeutische Behandlung lässt mich nicht mehr lachen.«

Im selben Buch wird weiter beschrieben, dass Lachen Substanzen erzeugt, die für den ganzen Körper gesund sind, ihn »lachen« lassen und die auf diese Weise eine therapeutische Wirkung auf Krankheiten ausüben. Derartige »Botschafter« werden nicht nur durch spontanes Lachen erzeugt, sondern auch durch die Gesichtsmimik, die künstlich das Lachen auslöst.

Wir wissen, dass wir schneller krank werden, wenn wir ständig unter Stress stehen. Einige medizinische Forschungen haben bewiesen, dass auch Stress in unserem Körper »Botschafter« erzeugt aber solche, die unser Abwehrsystem schwächen. Nachdem die Forscher hervorgehoben hatten, dass das Immunsystem eine vorrangige Rolle in der Regulierung des menschlichen Körpers ausübt, erhielt es einen neuen Stellenwert. Heute weiß man, dass unser Immunsystem über ein eigenes Denkvermögen verfügt und ein derart spezifisches Verhältnis zum Gehirn hat, dass es in seinen eigenen Zellen dieselben Gehirnhormone erzeugt. Anders ausgedückt: Unser Abwehrsystem hat eine bisher nicht geahnte Bindung zum Gehirn, zu unserem Geist und zu unseren Gemütsbewegungen.

D. Chopra berichtet, dass während der 70er Jahre medizinische Forscher der Universität Ohio an einem Forschungsprogramm arbeiteten, bei dem Kaninchen eingesetzt wurden, um an ihnen Herzerkrankungen zu studieren. Die verschiedenen Kaninchengruppen wurden einer cholesterinreichen Diät ausgesetzt, um mögliche Auswirkungen auf einen Arterienverschluss zu untersuchen. Bei fast allen Tieren stellten sich die gleichen Symptome ein. Lediglich bei einer einzigen Gruppe war die Tendenz zum Arterienverschluss gering. Zufällig entdeckte man, dass diese Kaninchen von einem Studenten versorgt wurden, der die Tiere vor dem Füttern streichelnd liebkoste. Dies war der einzige Unterschied zwischen diesen Kaninchen und den anderen!

Das Verfahren wurde mehrmals wiederholt, immer mit demselben Ergebnis. Die Zuwendung des Studenten hatte im Körper »seiner« Kaninchen Abwehrkräfte in Bewegung gesetzt, die den Verschluss der Arterien durch eine für die anderen Kaninchen todbringende Kost verhindert haben.

»Schwierige« Patienten leben länger

Interessant sind auch die Therapie-Ergebnisse bei schwerkranken Patienten an verschiedenen amerikanischen Universitätskliniken. Man hat nachgewiesen, dass Patienten mit bösartigem Krebs, die sich an einem Gruppenprogramm mit Entspannung, Meditation und Wahrnehmung der eigenen tiefen Probleme beteiligten, länger lebten, als die Ärzte vermutet hatten. Diese Patienten konnten vor allem ihre Lebensqualität verbessern. Die gesteigerte Qualität ist das Resultat einer inneren psychologischen Revolution, dank der sich diese Menschen darüber klar wurden, was sie aus ihrem eigenen Leben machen wollten oder auch nicht: sie lebten ihr wahres Selbst aus – ganz unabhängig von zustimmender oder ablehnender Meinung ihrer Mitmenschen.

Simonton, ein durch die therapeutische Leitung solcher Gruppen von Krebskranken berühmt gewordener Arzt, behauptet, dass Patienten, die von den Ärzten als »schwierig« eingestuft werden, vergleichsweise bessere Chancen haben, einen bösartigen Krebs zu überleben. Es sind jene, die allein für sich selbst die Entscheidung treffen, auf welche Weise sie der Krankheit entgegentreten, und die sich nicht ohne Diskussion dem Arzt anvertrauen. Sie übernehmen die Verantwortung für sich selbst, für ihr eigenes Heilverfahren und für ihr Leben. Es scheint, dass Menschen, die eine tiefe innere Revolution durchgemacht und die volle Verantwortung für ihr eigenes Leben übernommen haben, diejenigen sind, die mehr Chancen haben, von einer schweren Krankheit zu genesen, oder zumindest mehr Möglichkeiten haben, glücklich zu sein.

Die Frage drängt sich auf: Warum nur warten wir erst darauf krank zu werden, um zu dieser inneren Dimension vorzudringen?

Die Begegnung mit dem Licht

Das Jahr 1986 war für mich ein Jahr der großen Berufsveränderungen. Nach 13 Jahren als Chefarzt der Pädiatrie hatte ich gekündigt, weil ich fühlte, dass meine Arbeit im Krankenhaus endgültig zu Ende war. Solche Entscheidungen werden von einer inneren Stimme diktiert, die plötzlich sagt: »Schluss damit, es ist genug«. Für mich jedenfalls war es so, und zwar ohne geringste schmerzliche Erinnerung.

Meine konsequente Haltung führte allerdings zu einem Problem: Ich hatte zwar meine Privatpraxis, aber fast keine Patienten! Und jetzt erst wurde mir bewusst, wie wichtig für einen Kinderarzt die Entbindung Neugeborener ist. Nur in dieser Situation kann der Arzt zu den Eltern des Kindes ein absolutes Vertrauensverhältnis aufbauen und diesem Arzt werden sie wahrscheinlich auch später die Gesundheit ihres Kindes anvertrauen.

Was ist Kirlian-Fotografie?

Wie gesagt, nach meiner Kündigung im Krankenhaus hatte ich zwar keine neuen Patienten, dafür aber jede Menge Freizeit und jede Menge finanzieller Sorgen.

In dieser Zeit begann ich mich für die Kirlian-Fotografie zu interessieren. Benannt wurde diese Fotografie nach dem russischen Ehepaar Kirlian, das dieses Phänomen im Jahre 1939 entdeckte.

Semyon Davidovich Kirlian arbeitete damals an einem elektrischen Gerät und wurde plötzlich von einem starken Stromschlag getroffen. Er unterbrach an jenem Tag seine Arbeit und ging nach Hause, wo seine Frau Valentina ihn bei der Entwicklung einiger Lichtbilder um Hilfe bat. Semyon nahm einige unentwickelte Filme in die Hand, und, im Glauben, dass sie schon belichtet wären, reichte er sie seiner Frau zum Entwicklen. Das Ergebnis war überraschend, denn bei der Entwicklung erschienen um die Fingerabdrücke herum verschiedenfarbige Lichtkränze. Die ahnungslosen Experimentatoren zogen daraus den Schluss, dass der starke Stromschlag, der Semyon getroffen hatte, in seinem Körper solche Veränderung verursacht hatte, dass Teile der unbelichteten Filme durch das bloße Berühren mit den Fingern belichtet wurden.

Auf Grund dieses Ereignisses konstruierten die Kirlians ein Gerät, das in der Lage war, ein sehr starkes magnetisches Feld aufzubauen. Brachte man nun in dieses magnetische Feld ein Fotopapier und einen Gegenstand, zeigte sich bei der Entwicklung des Fotopapiers ein ungewöhnlicher Strahlenkranz rund um den abgebildeten Gegenstand.

In der Physik nennt man dieses Phänomen »Kronenwirkung«; es wird hervorgerufen durch das Ansaugen oberflächlicher Atomteilchen wie Lichtquanten und Elektronen von Seiten des magnetischen Feldes. Die Atomteilchen erzeugen »Mini-

Bild 1: Kirlian-Foto eines Blattes

blitze«, die auf das Fotopapier auftreffen und es belichten. Weitere Untersuchungen ergaben, dass diese »Aura« Informationen über die innere Struktur des aufgenommenen Objekts enthielt. In Russland wird die Kirlian-Fotografie deshalb unter anderem zur Analyse innerer Strukturen verschiedenster Materialien eingesetzt (siehe Bild 1).

Dennoch führten jahrzehntelange Studien über Kirlian-Effekte an den verschiedensten Lebensformen und besonders am menschlichen Körper zu keinem endgültigen und befriedigenden Ergebnis. Als ich begann, mich für die Kirlian-Fotografie zu interessieren, schenkte mir jemand ein Buch von einem gewissen Peter Mandel. Diesem Mann war es 1973 gelungen, mit seiner Interpretation der Kirlian-Bilder von Finger- und Zehenkuppen zum ersten Mal eine logische, überzeugende und vor allem auch reproduzierbare Diagnostik vorzustellen (siehe Bild 2).

Ich setzte mich also schleunigst mit Peter Mandel in Verbindung, um mehr über diese Art der Kirlian-Diagnostik zu erfahren. Als Teilnehmer an seinen Seminaren lernte ich nicht nur die Energetische Terminalpunkt-Diagnose kennen sondern eine weitere darauf aufbauende Therapie, bei der bestimmte Punkte oder auch Zonen auf der Haut mit farbigem Licht bestrahlt werden: die Farbpunktur.

Natürlich war ich zum damaligen Zeitpunkt noch ziemlich skeptisch, aber zugleich auch sehr neugierig. Als ich nach dem ersten Seminar nach Hause kam, wurde ich dringend ans Bett eines Freundes gerufen, der an akuten Kreuzschmerzen litt.

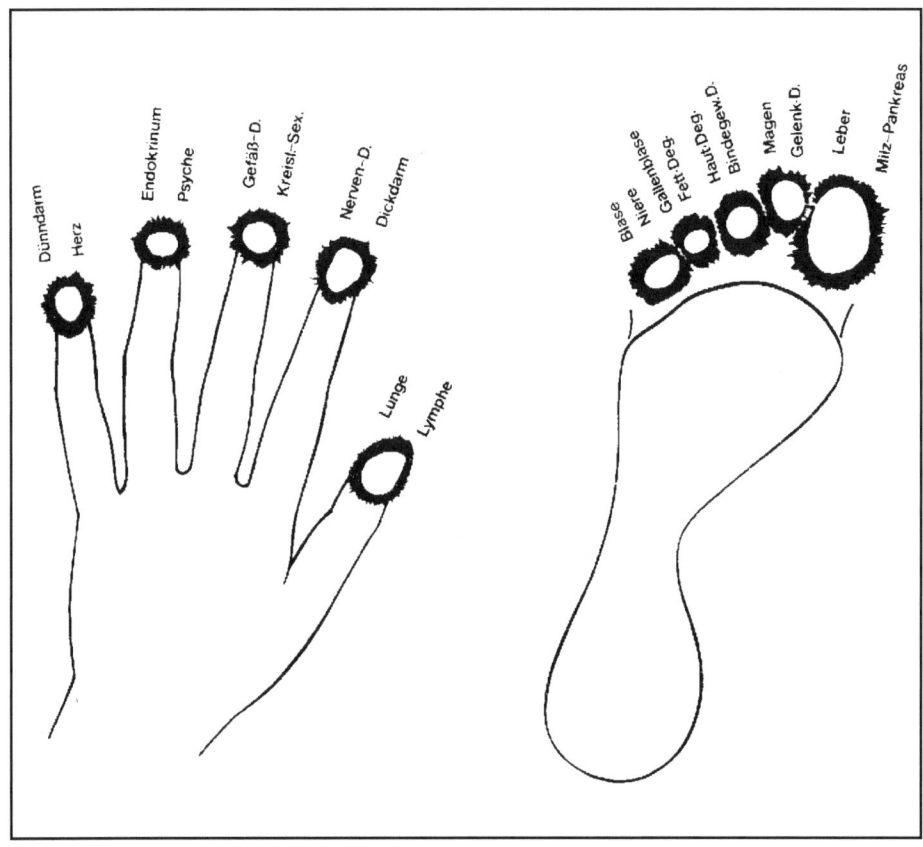

Bild 2: Die Topografie der Energetischen Terminalpunkt-Diagnose

Er konnte sich nicht bewegen, ohne stechende Schmerzen zu spüren und blieb deshalb regungslos auf dem Rücken liegen. Ich nahm vorsorglich schmerzstillende Mittel zum Injizieren mit. Da er mein Freund war, schlug ich ihm vor, ihn erst einmal mit »meiner« am Tag zuvor erlernten Farblicht-Therapie zu behandeln. Wahrscheinlich hinderten ihn nur seine großen Schmerzen daran, sich gegen meinen Vo-schlag zu wehren …

Also bestrahlte ich meinen Freund fünf Minuten lang an vier Punkten auf der Brust, natürlich streng nach den gera-de verinnerlichten Vorschrif-ten. Um ganz ehrlich zu sein: überzeugt von der Wirk-samkeit war ich selbst nicht. Nach ungefähr zehn Minuten fing mein Freund an – zu unser beider großem Erstaunen – sich zuerst vorsichtig und dann entschlossener zu bewe-gen: er setzte sich im Bett auf, erhob sich danach und fragte mich, was ich trinken wolle. Seit dieser Zeit hat er nie wie-der unter Rückenschmerzen gelitten.

Diese beeindruckende Erfah-rung war für mich ein großer Antrieb, jene merkwürdige Therapie weiter auszuprobie-ren und anzuwenden und meine Begeisterung für die

Farbpunktur ist bis heute geblieben.

Kirlian-Fotografie und Energetische Terminalpunkt-Diagnose (ETD) nach Peter Mandel

Das Studium der vom Ehepaar Kirlian zufällig entdeckten und von den Russen »Bioplasma« genannten Abstrahlungen hat erkennen und später überprü-fen lassen, dass sie Bilder der inneren Struktur des unter-suchten Objektes sind. Doch die Kirlianaufnahmen, die man von den verschiedensten Lebensformen und besonders vom Menschen anfertigte, wur-den immer wieder auf verschie-dene Weise interpretiert (siehe Bild 3).

Erst im Jahr 1973 gelang es dank Herrn Peter Mandel, eine gültige und reproduzierbare Auslegung des Kirlianeffektes in Bezug auf die Abstrahlung

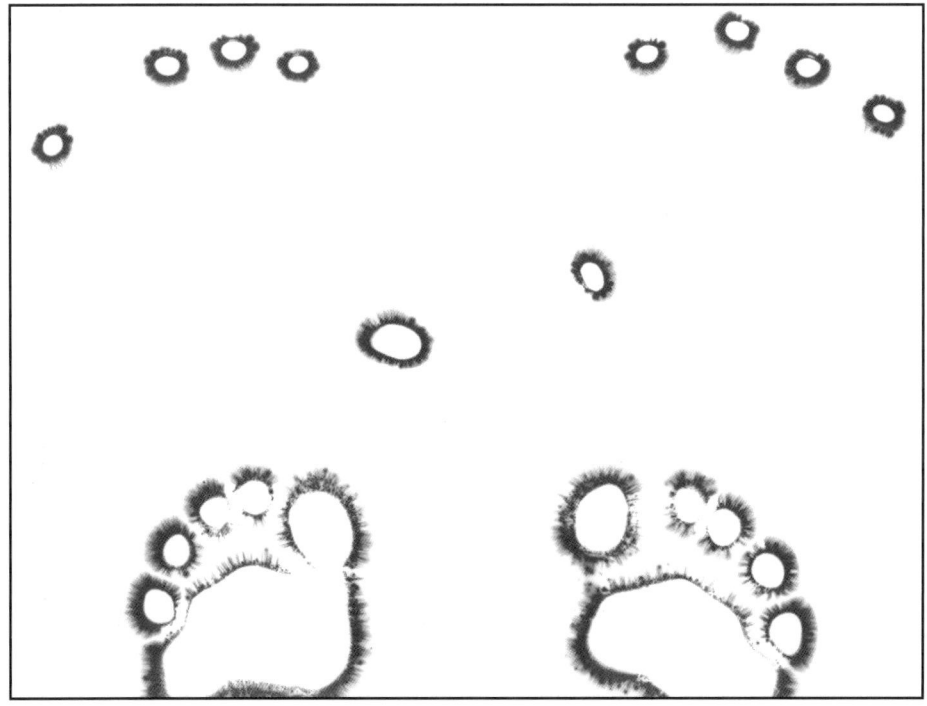

Bild 3: ETD-Aufnahme eines Menschen

von Finger- und Zehenkuppen vorzulegen.

Seine Studien wurden anhand von mehr als zehntausend Fotos mit kranken Menschen durchgeführt. Durch immer neue Vergleiche und Kontrollen konnte man nicht nur alle Teile des Körpers auf dem Foto zuordnen, sondern auch deren Ausdrucksformen, die entsprechend dem Ausmaß der Krankheit definiert worden sind.

Da die zwanzig aufgenommenen Finger- und Zehenkuppen den ebenfalls zwanzig Terminalpunkten der Meridiane der klassischen Akupunktur und der Elektroakupunktur nach Voll entsprachen, nannte Mandel dieses Verfahren »Topografie für die Energetische Terminalpunkt-Diagnose« (ETD, siehe Bild 4).

Wesentliche Voraussetzung für die Energetische Terminalpunkt-Diagnose und die darauf basierende Therapie der Farbpunktur ist die Kenntnis der Grundregeln chinesischer Medizin: danach bilden Körper, Geist und Seele eine untrennbare Einheit in unserem Leben, wobei jedes Element seine spezifischen Qualitäten bewahrt. Zwischen Geist und Körper gibt es natürlich ebenfalls sehr enge Verbindungen, wobei das Geistige das Bindeglied zur Psyche bildet.

Seit 5000 Jahren spricht die chinesische Medizin über die »Chi« genannte Lebensenergie. Sie pulsiert und strömt durch bestimmte energetische Kanäle im Körper, die Meridiane genannt werden. Die Kunst eines chinesischen Arztes bestand und besteht darin, beim Patienten das Gleichgewicht zwischen der Lebensenergie und der Universalenergie, von Yin und Yang, wieder herzustellen. Beide sind polar entgegengesetzte Energien: Yang ist der positive, männliche Pol, die Höhe, das Licht, der Tag, die Wärme usw. Yin hingegen ist der negative, weibliche Pol, die Tiefe, das Dunkel, die Erde, die Nacht, die Kälte usw. Diese Prinzipien unterliegen keiner Wertung, sie bedingen sich gegenseitig und sind als komplementär anzusehen.

Das heißt, um im Gleichgewicht zu sein, muss der Mensch sowohl über Yin- als auch Yang-Energien verfügen. Wenn die Yin- und Yang-Aktivitäten nicht ausgewogen sind, zeigt sich eine Disharmonie im System der Meridiane, die meist Störun-

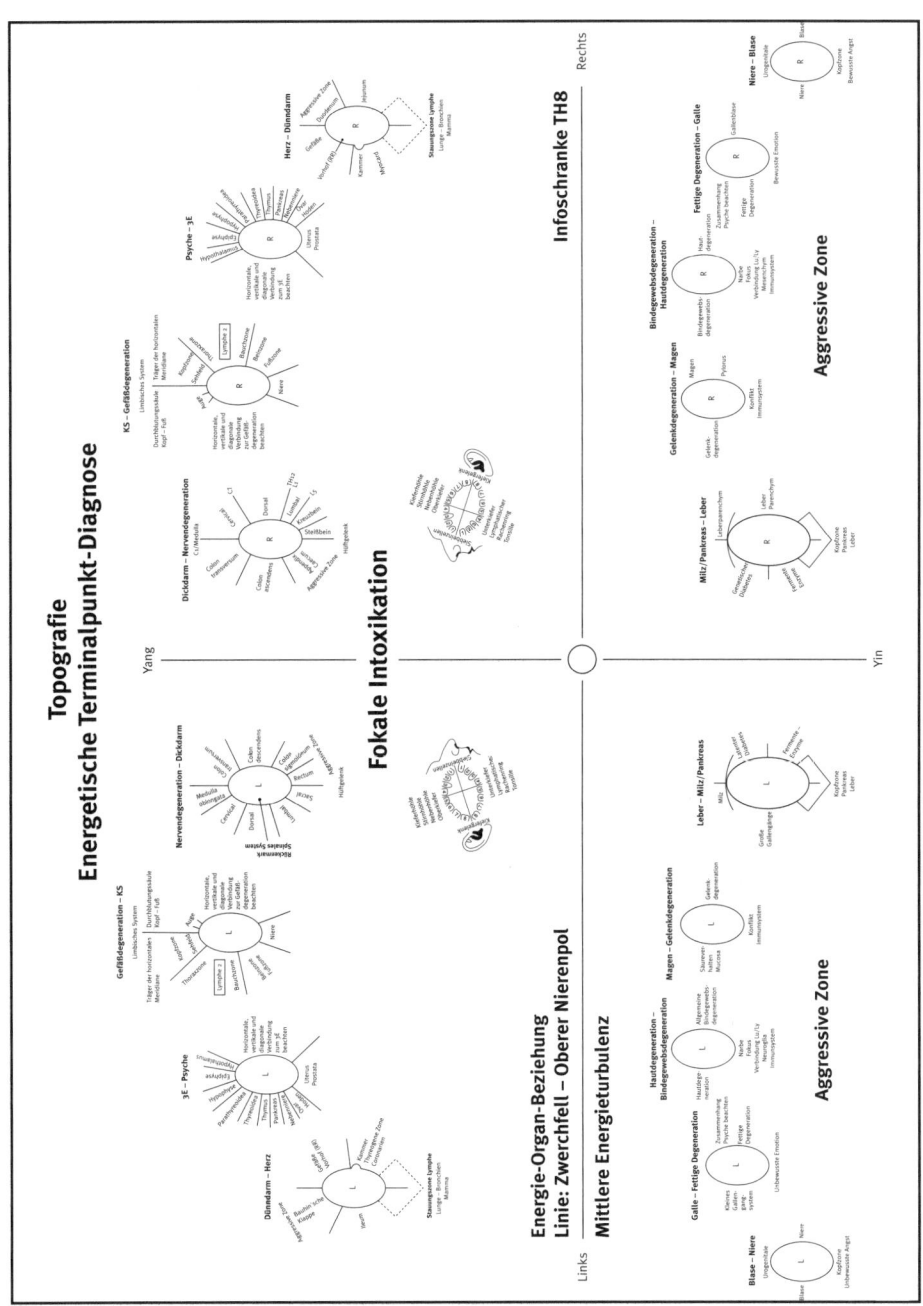

Bild 4: Die Topografie der ETD

gen oder Krankheiten zur Folge hat.

Energetische Diagnose

Dank den Studien und Entdeckungen Mandels kann man mit der Kirlian-Fotografie das Energiesystem eines Menschen sichtbar machen und vorhandene Störungen erkennen. Die diagnostischen und therapeutischen Erfahrungen mit über tausend Patienten haben gezeigt, dass die topografische Auswertung eines ETD-Bildes folgende Aussagen erlaubt:

● eine umfassende energetische Diagnose

● therapeutische Hinweise

● den sofortigen Nachweis jeglicher therapeutischer Wirkung beim Patienten

Damit wird die ETD zu einem anerkannten reproduzierbaren Diagnose- und Kontrollverfahren.

Darüber hinaus konnte Peter Mandel mit diesem außergewöhnlichen diagnostischen System auch nachweisen, dass es neben den senkrechten Meridianen der klassischen chinesischen Akupunktur auch noch waagerechte und diagonale Meridiane gibt. Die Schnittpunkte dieser energetischen Kanäle im menschlichen Körper haben Mandel zur therapeutischen Erforschung der Farbpunktur geführt.

Die Bedeutung der Farben

Bewusst, aber auch unbewusst beeinflussen Farben unser ganzes Leben. Am Morgen wählen wir die Farbe unserer Kleidung oft nicht zufällig, sondern weil wir spüren, dass eine bestimmte Farbe zu unserer momentanen Verfassung passt. Intuitiv suchen wir genau die Farbe aus, die wir »brauchen«. Sind wir morgens müde, werden wir nicht selten zu warmen und starken Farbtönen wie Orange, Gelb oder Rot greifen.

In der Regel sind es intuitive und empfindsame Menschen, die ein besonderes Gespür für Farben haben. Hauptsächlich aber Frauen, da Männer mehr an gesellschaftliche Konventionen gebunden sind und ein verspürtes Bedürfnis, sich mit passenden oder unpassenden Farben zu beschäftigen, eher unterdrücken.

Im Marketing-Bereich weiß man seit langem vom Einfluss der Farben auf die Kunden. So versucht beispielsweise das Gaststättengewerbe, mit gelb oder rot gehaltenen Räumen, die Kunden zum raschen Essen zu bewegen, um damit eine schnellere Rotation zu erreichen.

Paradebeispiele sind die »Fast-Food«-Restaurants.

In Räumen mit dezenter Beleuchtung und gedämpften Farben hingegen halten sich die Kunden länger auf. Licht und Farben schaffen eine gewisse intime Atmosphäre: die Gäste fühlen sich wohl und können ihr Essen in Ruhe genießen.

Farben therapeutisch genutzt

Die Farbpunktur ist nichts anderes als eine gezielte Anwendung von Farblicht auf vorbestimmte Punkte oder segmentale Zonen der Haut. Die verwendeten Farben entsprechen denen der Farbenlehre Goethes. Es sind dies die Hauptfarben Rot, Blau, Gelb und die Komplementärfarben Grün, Orange und Violett. Für tiefergehende Therapien verwendet man auch Türkis, Lichtgrün, Purpur und Rosé.

Malen Sie irgendein Bild (ein Haus, eine Blume) mit einer Farbe, z. B. Blau. Malen Sie das gleiche Bild jetzt mit einer anderen Farbe, z.B. mit Rot. Spüren Sie nach, wie sich das Bild durch die verschiedenen Farben verändert.

Rot

ROT ist die Farbe des Lebens, der Mittagssonne, des Feuers. Sie entspricht auch gegensätzlichen, mit Leidenschaft ausgedrückten Gefühlen wie Liebe und Hass, Freude und Wut. Manche Psychologen empfehlen sogar, bei der ersten »romantischen« Verabredung zum Essen rotes blutiges Fleisch zu meiden, weil dies angeblich zum schnellen Ende einer beginnenden Liebe führen würde. Statt dessen sollte man mit leichten, pastellgefärbten Gerichten wie zum Beispiel junger Salat, Fisch etc. beginnen und dann allmählich zu stärkeren Farben übergehen – bis hin zum Dessert, das sozusagen als krönender Abschluss aus einer schönen Schale Erdbeeren mit Sahne bestehen könnte.

Rot hat von allen sichtbaren Farben die größte Wellenlänge und ist deswegen die penetranteste Farbe, die den Blutkreislauf anregt. Bis vor wenigen Jahrzehnten pflegte man auch bei uns die an Windpocken leidenden Kinder in eine rote Dekke oder ein rotes Tuch zu hüllen, um den Blutkreislauf und damit auch die Genesung zu fördern.

Rot ist die Farbe des Herzens, der Lungen und der Muskeln; Rot lockert die Zunge, ist erregend und facht die Leidenschaften an. Es ist daher bestimmt kein Zufall, dass gewisse Milieus in »rotem Licht« gehalten sind.

Rot lässt faule Leute aktiver werden. Kein Revolutionsbanner kann auf die Farbe Rot verzichten.

Blau

BLAU vermittelt ein Gefühl von Frieden und Unendlichkeit. Blau ist eine kalte Farbe mit entspannender Wirkung und eng mit dem endokrinen System verbunden. Das Endokrinum ist das komplexe Hormonnetz, das alle unsere Reaktionen wie Stress, Entspannung, Sexualität und das Abwehrsystem gegen Infektionen und Allergien beeinflusst. Hyperaktive Kinder lernen besser mit blauem Licht.

Gelb

GELB versinnbildlicht die Mittagssonne und hat eine positive Reizwirkung. Gelb wirkt anregend auf alle Organe des Verdauungstraktes und fördert die Drüsentätigkeit. Gelb ist aber auch die Farbe des intellektuellen, linken Gehirns: sie unterstützt das Lernen und die Aufnahmefähigkeit von Kindern. Die Stimmung unzufriedener Menschen verändert sich mit Hilfe von gelben Licht hin zum positiven.

Grün

GRÜN ist die in der Natur am häufigsten auftretende Farbe. Sie entspannt und gleicht aus. In der Natur spazieren zu gehen hat deshalb oft eine tiefgehende und regenerierende Wirkung.

 Orange

 Violett

ORANGE steht für Freude und Glück und ist sehr geeignet bei Depressionen und Pessimismus. Menschen, die am Morgen schon müde aufstehen und den Mund nicht aufmachen, solange sie keinen Kaffee getrunken haben, wechseln die Stimmung sofort, wenn sie gleich nach dem Aufstehen für wenige Minuten durch eine orangefarbene Brille sehen.

VIOLETT wird immer mit Spiritualität verbunden. Diese Farbe wirkt auf das Unbewusste und hilft dem Bewusstsein, indem sie die Wirkung von Meditationen stärkt.

Würden wir inmitten einer großen Menschenmenge violette Brillen tragen, könnten wir sicher sein, dass uns kein Mensch »auf die Pelle rückte«.

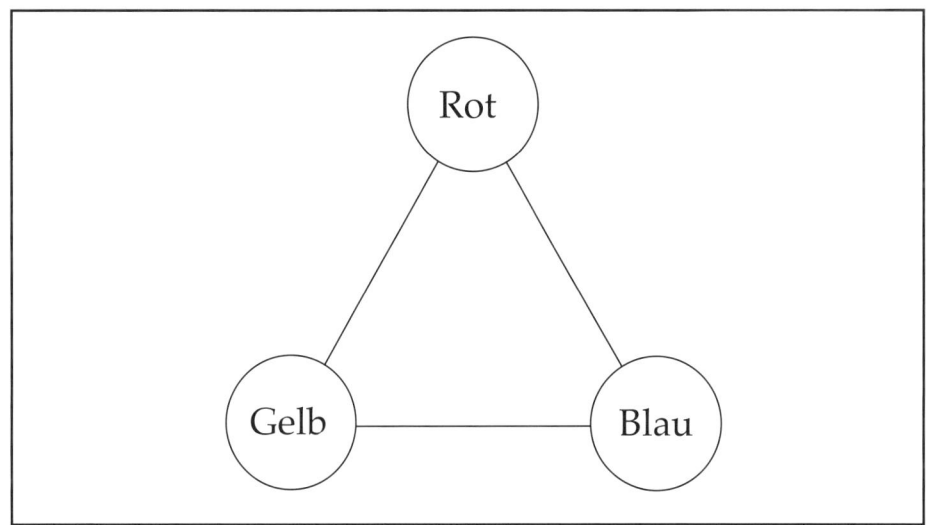

Bild 5: Die Haupt- oder Grundfarben

Ein besonderer Tipp, um den Appetit zu verringern: Tragen Sie während Ihrer Mahlzeiten eine violette Brille. Die durch eine solche Farbe gesehenen Speisen sehen einfach eklig aus!

Türkis

TÜRKIS steht für die inneren und äußeren Aspekte unseres Lebens. Die therapeutische Wirkung dieser Farbe bringt oft ein Gefühl von entspanntem und befreiendem Wohlsein.

Mit einem einfachen Versuch können Sie die Wirkung jeder einzelnen Farbe spüren: Hängen Sie eine Plastikfolie von jeder Farbe ans Fenster, und schauen Sie einige Minuten hindurch. Sie werden sofort spüren können, welche der Farben Sie im Moment als ange-

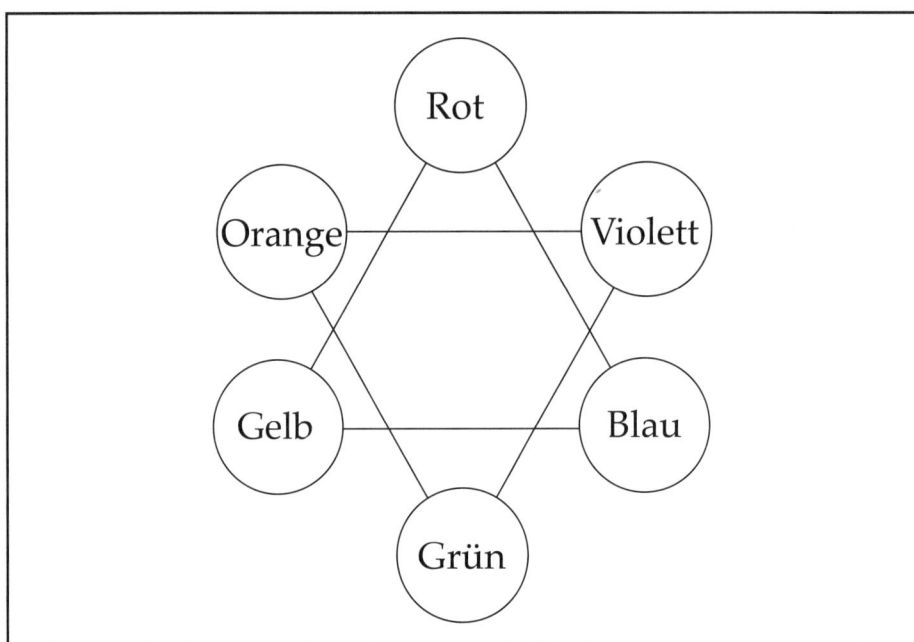

Bild 6: Die Neben- oder Komplementärfarben

nehm und welche sie als störend empfinden. In der Regel ist nur eine einzige Farbe wirklich angenehm und regenerierend.

Lichttherapie und Farbpunktur

Die Therapie mit Licht und Farben ist seit der Antike bekannt. Seit jeher nutzte man farbige Räume oder Decken zum Heilen zahlreicher Krankheiten.

In den 70er Jahren war ich Leiter einer Universitätsabteilung für pädiatrische Infektionskrankheiten in Algerien. Ich staunte nicht schlecht, als ich sah, wie die Krankenschwestern Masern diagnostizierten: Sie warfen nur einen Blick in den Hof des Gebäudes, den die Mütter mit ihren Kindern durchquerten, und stellten fest, welches Kind in rote Decken eingehüllt war. Neugierig fragte ich nach und bekam zur Antwort, dass Mütter ihre Kinder immer in eine rote Decke einhüllten, wenn diese Masern hatten. Die Diagnose der Krankenschwestern war immer richtig.

Die rote Farbe hilft dem Blutkreislauf mehr als alle anderen Farben. Vielleicht werden deswegen die masernkranken Kinder seit Jahrhunderten in eine rote Decke gewickelt, um die Krankheit so schnell wie möglich «verschwinden» zu lassen. Es heißt sogar, dass man auf diese Weise die damals oft auftretenden schweren Nebenwirkungen dieser Kinderkrankheit vermeiden konnte.

Seit einigen Jahren wird die weiterentwickelte Therapie mit farbigem Licht erfolgreich angewendet: Dabei werden große Oberflächen des Körpers mit Lichtstiften bestrahlt, die eigens mit Farbfiltern ausgestattet sind.

Sonnenlicht gegen Depressionen

Vorher bestrahlte man die gesamte Körperoberfläche mit weißem Sonnenlicht, um bestimmte Depressionszustände zu behandeln. In den nördlichen Ländern, in denen im Winter die Sonne nur für wenige Stunden scheint, nehmen Depressionszustände auffallend zu. Depressionen gehen offenbar mit Mangel an Sonnenlicht einher. Das Licht wirkt direkt auf die erbsengroße Zirbeldrüse oder Epiphyse, die sich tief innen im Gehirn befin-

det. Erst kürzlich wurde das Rätsel dieser Drüse entdeckt: durch die Ausscheidung des sogenannten Melatonins spielt sie eine entscheidende Rolle in der Regulation aller Hormon- und Immunverfahren. Das Melatonin besitzt eine außerordentliche Aktivität, und W. Pierpaoli bezeichnete es deshalb zu Recht als »die Uhr unseres Verhaltens«. Mit zunehmendem Licht sinkt das Melatonin in unserem Körper und im Dunkeln steigt es beträchtlich an. Dieser Zustand erzeugt in uns das Gefühl, dass es Zeit ist zu schlafen. In den nördlichen Ländern bricht die Dunkelheit schon sehr früh an, was zu einem Melatonin-Anstieg im Körper dieser

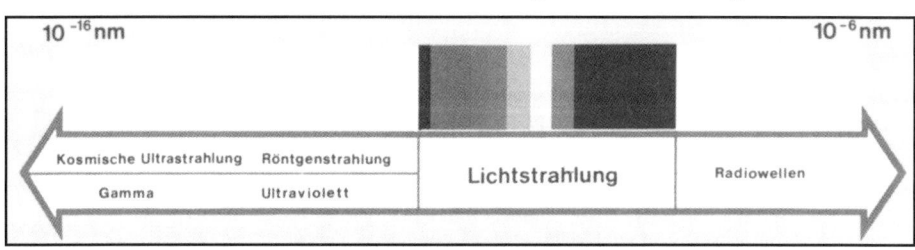

Bild 7: Die Strahlungsfelder und deren Wellenlängen

Menschen führt. So zeigen viele Bewohner nördlicher Länder Symptome von Depression im Zusammenhang mit dieser langen Finsternis. Setzen sich diese Menschen täglich einem Lichtbad aus, verschwinden ihre Beschwerden.

Neugeborene kommen oft mit einer mehr oder weniger stark ausgeprägten Gelbsucht, die das Gehirn schädigen kann, zur Welt. Sie werden deshalb einige Stunden mit UV-Licht bestrahlt, da dieses ganz bestimmte Blau die von der Gelbsucht erzeugten Schadstoffe in unschädliche Substanzen zerlegt.

Kommunikation mit den Zellen

Wie schon erwähnt, haben die Farben bestimmte Wellenlängen. Licht besteht aus Photonen, gewichtslosen Teilchen, die sich mit der Lichtgeschwindigkeit von annähernd 300.000 km pro Sekunde bewegen.

Mandels Farbtherapie besagt nun folgendes: Werden einige Punkte der Haut mit einem bestimmten Farblicht – also einer bestimmten Wellenlänge – bestrahlt, vermittelt diese Farbe aufgrund ihrer Resonanzwirkung den endokrinen Koordinationsorganen des Gehirns ganz bestimmte Informationen. Erhalten die endokrinen Koordinationsorgane des Gehirns die richtigen (aufgrund der Krankheit fehlenden) Auskünfte, »schicken« sie diese zurück in den Körper und stellen die Harmonie im Körper wieder her, indem sie die physische Störung auflösen. Anhand der Ergebnisse von Hunderten mit der Farbpunktur-Therapie behandelten Patienten, konnte Peter Mandel diese Theorie empirisch nachweisen.

Einige Jahre später konnte der Biophysiker Prof. Dr. F.-A.Popp wissenschaftlich beweisen, dass jede lebende Zelle sehr schwaches Licht ausstrahlt; diese Lichtquanten werden Biophotonen genannt. Die Intensität dieser Lichtquanten entspricht in etwa der Ausstrahlung einer brennenden zwanzig Kilometer entfernten Kerze.

Diese elektromagnetische Schwingung der Zellen ist ein komplexes intrazelluläres Kommunikationssystem, und Popp nennt diese Lichtsignale die »Sprache der Zellen«, mit der alle biophysikalischen Prozesse des Körpers geregelt werden. Was das wirklich heißt, kann man vielleicht erahnen, wenn man bedenkt, dass es in unserem Körper 50 Milliarden Zellen gibt!

Unter diesem Aspekt ist die Farbpunktur also eine Therapie, die den Körper wieder lehrt, mit sich selbst zu sprechen. Andreas, Sie wissen schon, der mit dem Kopf im Spaghettiteller eingeschlafen ist, hat sehr schnell gelernt ...

Die Sinfonie des Körpers

Die Farbpunktur ist keine symptomatische Therapie; sie behandelt nicht die körperlichen Erscheinungsformen der Krankheit, wie zum Beispiel den Schmerz, das Kopfweh, den Ausschlag usw. Die Farbpunktur versucht zusammen mit dem Patienten, dem Körper eine neue Information zukommen zu lassen, die die blockierte Information verändert und freisetzt und damit den Ursprung des Schmerzes auflöst. Mein unter akutem Lendenschmerz leidender Freund hat die von der Farbpunktur eingeschleuste Information so gut verstanden und angenommen, dass sich alle starken Schmerzen sofort auflösten.

Die Farbpunktur ist eine holistische Therapie. Das heißt, dass sie den Schmerz nicht direkt behandelt, wie das beispielsweise durch die Einnahme von Aspirin geschieht, sondern sie versucht, die ursächliche Energiestörung, die den Schmerz erzeugt hat, auszugleichen. Die Farbpunktur-Therapie beschäftigt sich also nicht mit der Krankheit X oder Y, sondern wirkt, streng nach holistischem Prinzip, auf den Menschen in seiner Ganzheit.

Eine Holographie ist ein mit einer leuchtenden Laserstrahlenquelle aufgenommenes Bild. Das Besondere dieses Verfahrens ist folgendes: Schneide ich aus dem holographischen Bild einer Rose ein Stück heraus und vergrößere dieses Stück,

zeigt die Vergrößerung nicht den ausgeschnittenen Teil, sondern die komplette Rose. Der Teil enthält also das Ganze!

Viele Wissenschaftler nehmen an, dass auch unser Körper holografisch strukturiert ist und dass in jeder Zelle Bild und Information unseres ganzen Körpers gespeichert sind. Popp bezeichnet den menschlichen Körper allegorisch als ein Sinfonieorchester. Der Dirigent dieses »Sinfonieorchesters« kann sowohl die moderne als auch die holistische Medizin – einschießlich der Farbpunktur – sein. Gibt es in der Körpermusik einen Missklang, wechselt der »Dirigent der modernen Medizin« das entsprechende »Orchestermitglied« aus. Der »holistische Dirigent« dagegen bewegt lediglich und fast unmerklich den Taktstock und kann auf diese Weise die Harmonie wieder herzustellen.

Alternative Medizin gibt es nicht

Der Mensch funktioniert nach bestimmten Mechanismen, die sein Geist in Gang setzt. Wollen Sie beispielsweise jemandem die Hand drücken, befiehlt Ihr Geist dem Arm, sich zu bewegen und die Hand Ihres Gegenüber zu drücken. Dies scheint eine einfache und lineare Handlung zu sein. Erst wenn wir genauer hinsehen, bemerken wir, wie kompliziert dieser scheinbar simple Händedruck ist.

Angenommen wir treffen einen Menschen, dessen Anblick in unserem Gedächtnis bestimmte Erinnerungen hervorruft und wir erkennen in diesem Menschen jemanden, zu dem wir in der Vergangenheit einen Bezug hatten. War diese Begegnung sehr angenehm, wenden wir uns der Person zu und strecken ihr als Zeichen unserer Wiedersehensfreude die Hand hin und drücken sie.

Diese einfache und alltägliche Geste dauert nur wenige Zehntelsekunden und doch setzen tausend chemische Prozesse ein, ausgelöst vom bloßen Anblick einer Person über die Emotion des Erkennens bis hin zum eigentlichen Händedruck.

Der einfache Mechanismus des Händedrucks ist in Wahrheit also ein sehr komplexer emotionaler Vorgang.

Stellen wir uns nun vor, wir hätten Grippe mit Schnupfen und Fieber. Eine Grippe ist das Resultat eines schnellen und sehr komplizierten Vorgangs in unserem Körper. Stehen wir eine Zeitlang unter Stress und sind besorgt, müde oder niedergeschlagen, reagiert das Verteidigungssystem unseres Körpers, das Immunsystem, auf diese emotionalen Zustände, indem es immer schwächer wird. Kommt unser Körper in diesem Zustand mit einem Grippevirus in Kontakt, ist er nicht in der Lage das Virus abzuwehren und wird krank.

Die Krankheit, die sich durch Fieber ausdrückt und der Stress, der unser Immunsystem geschwächt hat, wirken auf zwei gänzlich verschiedenen Ebenen unseres Ichs.

Die Mittel der modernen Medizin setzen an der materiellen Ebene und an den Mechanismen des Körpers an; die energetische Medizin hingegen wirkt auf die subtile Energie, die alle Lebensprozesse steuert. Der außerordentlichste Fortschritt der modernen Medizin wurde natürlich auf physikalisch-technologischem Gebiet erreicht. Denken wir nur an die Herzchirurgie, die Augenchirurgie, die magnetische Resonanz usw. Niemand könnte und sollte auch nicht auf diese Errungenschaften verzichten. Da nun die moderne und die energetische Medizin auf verschiedenen und trotzdem eng miteinander verbundenen Ebenen wirken, sind beide nicht als »entweder oder«, als alternativ anzusehen, sondern sie ergänzen sich gegenseitig. Nicht der Wettstreit zwischen ihnen, sondern nur eine enge Zusammenarbeit kann zur Genesung jenes geheimnisvollen Wesens Mensch beitragen.

Während der letzten Jahre hat auch die moderne Medizin großartige Beweise für den Einfluss des Geistes und der Gemütsbewegungen auf den Körper und die Krankheit erbracht. Der amerikanische Herzspezialist Omisch hat mit Meditation, einer cholesterinarmen Diät und einem Spaziergang von dreimal 30 Minuten pro Woche eine Gruppe von Patienten mit schwerem Verschluss der Koronararterie behandelt. Diesen Patienten war ein chirurgischer Eingriff, eine sog. Bypass-Operation empfohlen worden. Nach der »Spezialbehandlung« Omischs war bei ausnahmslos allen Patienten der Koronarverschluss zu 80 % zurückgebildet worden – ohne Chirurgie und – das nur nebenbei erwähnt – mit einer Einsparung von etwa tausend Dollar.

Der Eisberg

Ein befreundeter Arzt sagte mir, dass er nicht verstehen könnte, wie – nach Meinung der Farbpunktur – eine schwere Angina ihren Ursprung in einer energetischen Störung haben könne, wenn wissenschaftlich bekannt ist, dass der Auslöser ein Bakterium oder ein Virus ist. Das von dem Biophysiker Popp beschriebene Beispiel des Eisberges als Bild des menschlichen Körpers zeigt, wie komplementäre Erklärungen zustande kommen können.

Die Schulmedizin, die symptomatisch ist, da sie ihre Aufmerksamkeit – wie in der Mechanik – auf die Belastung des Körpers richtet, beschäftigt sich mit dem sichtbaren Teil des Eisbergs, dem Teil also, der aus dem Wasser herausragt. Und sie hat recht, wenn sie behauptet, dass der Auslöser einer Angina ein Bakterium ist.

Die energetische Medizin hingegen interessiert sich dafür, welche Störung in dem unter der Wasseroberfläche liegenden Teil des Eisbergs für die energetische Unausgeglichenheit verantwortlich ist, eine Unausgeglichenheit, die es letztlich den Bakterien ermöglichte, die Angina auszulösen.

Bild 8: Der Eisberg

Beide Anschauungen haben unterschiedliche Auslegungen, wobei die energetische Medizin, wie die Farbpunktur, sich nicht an Symptomen orientiert, sondern versucht, die gesamte Störung des sich im Wasser befindlichen Teil des Eisbergs zu beseitigen. In diesem Sinne müssen auch die im folgenden beschriebenen drei farbigen Töpfe interpretiert werden.

Die drei farbigen Töpfe

Peter Mandel ordnet alle Krankheiten, Störungen und Belastungen, unter denen Menschen leiden, drei großen energetischen Töpfen zu: dem blauen neurovegetativ-endokrinen Topf, dem gelben reaktiv-toxischen Topf und dem roten hartdegenerativen Topf.

der Menopause verursachen kann.

Andere Belastungen, die in diesen Topf gehören, sind zum Beispiel Kopfschmerzen, Migräne, Schlaf- und Einschlafstörungen, Gastritis, Geschwüre, Schmerzen in den Gelenken usw.

Der blaue Topf

Alle Krankheiten und Belastungen, die eine neurovegetative, eine »nervöse« Ursache haben, wie man gewöhnlich sagt, gehören in den blauen neurovegetativ-endokrinen Topf. Heutzutage wissen wir auch, dass jede dieser Belastungen mit einer Unausgeglichenheit verbunden ist, die endokrine, das heißt hormonelle Gründe hat. Denken wir daran, welche »nervösen« Belastungen die Unausgeglichenheit während der Menstruationsperiode, der Pubertät oder

Der gelbe Topf

Alle akuten Krankheiten, die gewöhnlich in der Medizin durch die Endung »-is« gekennzeichnet werden, wie zum Beispiel Bronchitis, Otitis (Mittelohrentzündung) und Arthritis, gehören diesem reaktiv-toxischen Topf an. Aber auch alle Zustände, die zu Blockaden im lymphatischen System führen. Der lymphatische Kreislauf ist ein Gefäßsystem, das die Lymphe in den ganzen Körper strömen lässt und sich im gesamten Körper, mit einer Konzentration im Hals, in der Lungenzone und vor allem im Darm, ausdehnt. Dieses System hat nicht nur eine reinigende Funktion, sondern die noch wichtigere Aufgabe, das Immunsystem zu unterstützen. Ist beispielsweise das lymphatische System des Halses gestaut ist, entstehen sehr oft Entzündungen an den Mandeln oder auch im Mittelohr.

Der rote Topf

Zu diesem hart-degenerativen Topf zählen alle energetischen, durch extreme Hartnäckigkeit gekennzeichneten Störungen, also die Störungen, die zu einer völligen Blockade im energetischen Verbindungssystem des Körper führen. Diese Störungen manifestieren sich als physische Belastungen, wie z.B. Arteriosklerose oder psychisch als eine extreme Geistes- und/oder Gefühlshärte.

Die drei Töpfe entsprechen drei bestimmten Definitionen der Energetischen Terminalpunkt-Diagnose und stehen miteinander in Verbindung. Um »ganz gesund« zu sein, müssten wir theoretisch in allen drei Töpfen »baden«.

Die Praxis der Farbpunktur

Die Farbpunktur wird direkt auf der Haut angewendet, an den Punkten der Meridiane der chinesischen Akupunktur und anderen von Peter Mandel entdeckten Punkten und Zonen.

Es gibt inzwischen zwei Gerätetypen, mit denen die Farbpunktur durchgeführt werden kann:

Die Farbpunkturlampe

Bei diesem Gerät handelt es sich um eine stiftförmige Lampe, auf die Glasstäbe mit verschiedenen Farben gesetzt werden. Auf einer Seite sind die Glasstäbe abgerundet und mittels einer ausgeklügelten Technik mit der entsprechenden Farbe versehen. Mit der anderen pyramidenförmigen Seite des Glasstabs wird der betreffende Hautpunkt bestrahlt. Dieses Gerät wurde von Peter Mandel speziell für die exakte Therapie der Farbpunktur entwickelt.

Der Farbflächenstift

Bei diesem Gerät handelt es sich um eine stiftförmige Lampe, auf die breite Farblinsen mit verschiedenen Farben aufgesetzt werden. Dieses Gerät wurde von Peter Mandel besonders für die Farbflächenbestrahlung für Laien entwickelt.

Grundregeln der Farbpunktur

● Bestrahlt werden die Punkte/ Zonen direkt auf der Haut.

● Die Dauer der Bestrahlung an einem Punkt beträgt mindestens 30 Sekunden und höchstens eine Minute.

● Die Reihenfolge entspricht der Nummerierung der Punkte.

● Bestrahlt wird immer zunächst der (die) Punkt(e) auf der linken Körperseite.

● Bei komplementärer Bestrahlung wird zuerst der schmerzhafte Punkt zum Beispiel grün, der weniger schmerzhafte z.B. mit rot bestrahlt

● Treten unangenehme Reaktionen auf, sollte die Bestrahlung des entsprechenden Punktes sofort beendet werden.

● Bei den in der Lagebeschreibung der Punkte angegebenen Querfinger handelt es sich immer um die Finger des Patienten und nicht um die Finger des Behandlers!

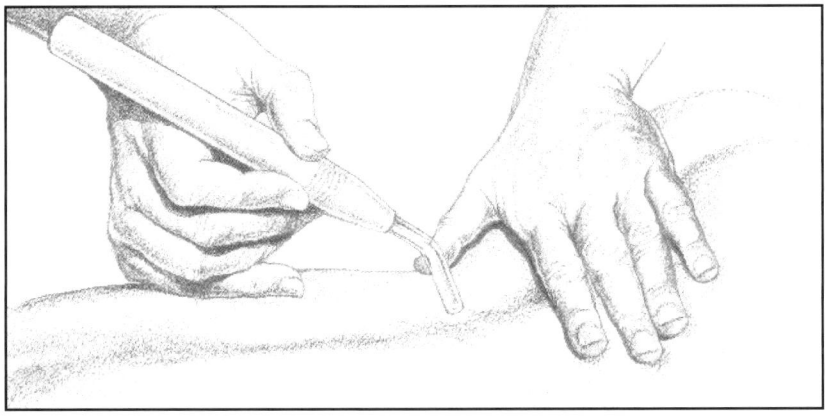

Bild 9: Das Farbpunktur-Gerät »Perlux«

Zweiter Teil

Grund- und Steuerungsbehandlungen

Die Grundtherapien

Passend zu den farbigen Töpfen, denen man alle Krankheiten zuordnen kann, bietet die Farbpunktur für jeden dieser Krankheitstöpfe sogenannte Grundbehandlungen an. Diese Grundbehandlungen sind im einzelnen:

- die endokrine Grundbehandlung – blauer Topf

- die toxische Grundbehandlung – gelber Topf

- die degenerative Grundbehandlung – roter Topf

Die endokrine Grundbehandlung

Die endokrine Grundbehandlung empfiehlt sich bei allen neurovegetativen Belastungen und hormonell bedingten Störungen, die sich in folgenden Symptomen zeigen: Kopfschmerzen, Unruhe, Ängste, Stress, funktionelle Herzstörungen, Magen- und Darmbeschwerden, kalte Füße und Hände, extremes Schwitzen, menstruelle Unpässlichkeiten und Schmerzen, leichte Formen von Depressionen u.a.

Lage der Punkte:

① Dieser Punkt liegt genau zwischen den Augenbrauen.
Farbe: Blau

② Dieser Punkt liegt auf einer gedachten Linie vom Nabel abwärts genau dort, wo der Schambeinknochen beginnt.
Farbe: Orange

③+④ Diese Punkte liegen jeweils zwei Querfinger links bzw. rechts von Punkt 2.
Farbe: Orange

Bestrahlungsdauer: 60 Sekunden.

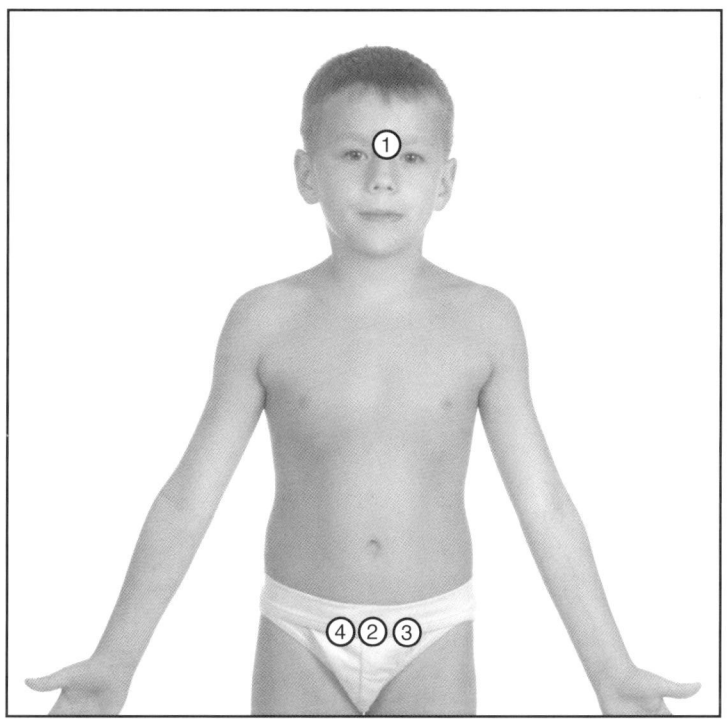

Bild 10: Die endokrine Grundbehandlung

Erläuterungen:

Mit dieser endokrinen Grundbehandlung konnte ich vielen unter Menstruationsschmerzen leidenden Frauen helfen, und das mit hervorragenden Ergebnissen. Die Genesung ist individuell verschieden. Bei einigen Frauen sprach die Therapie schon nach einer einzigen Bestrahlung an, bei anderen erst nach täglicher Bestrahlung, die sie für einige Wochen zu Hause selbst durchführten.

Mit derselben Therapie kann man die Schmerzen während der Menstruation verringern, wobei man alle angegebenen Punkte mit der Farbe Blau bestrahlt.

Die toxische Grundbehandlung

Die toxische Grundbehandlung empfiehlt sich bei allen akuten, entzündlichen Krankheiten und Infekten, vor allem, wenn diese mit Fieber einhergehen: diese Grundbehandlung unterstützt den lymphatischen Kreislauf, indem sie das Immunsystem des Organismus in Bewegung setzt. Bei der toxischen Grundbehandlung unterscheiden wir drei Anwendungen:

● die lymphatische Therapie 1
● die lymphatische Therapie 2
● die lymphatische Therapie 3
oder die Therapie der aggressiven Zonen.

Die Lymphatische Therapie 1

Lage der Punkte:

①   Dieser Punkt liegt oberhalb des Brustbeins exakt in der Halskuhle.
Farbe: Gelb

②+③ Diese Punkte liegen links und rechts seitlich von Punkt 1. Dort wo Sie bei zurückgestrecktem Kopf zwei Sehnenstränge tasten können, finden Sie zwei kleine Einbuchtungen – genau dort liegen die beiden Punkte.
Farbe: Gelb

Die Bestrahlung dauert jeweils 30 Sekunden.

Erläuterungen:

Die lymphatische Therapie 1 ist bei allen entzündlichen Prozessen oder Infektionen im Kopf- und Halsbereich wie Schnupfen, Mandelentzündung, Nebenhöhlenentzündung usw. angezeigt. Sie löst Blockaden im lymphatischen Kreislauf des Kopfes. Stauungen in diesem Bereich führen zu einer Abwehrschwäche der oberen Atemwege.

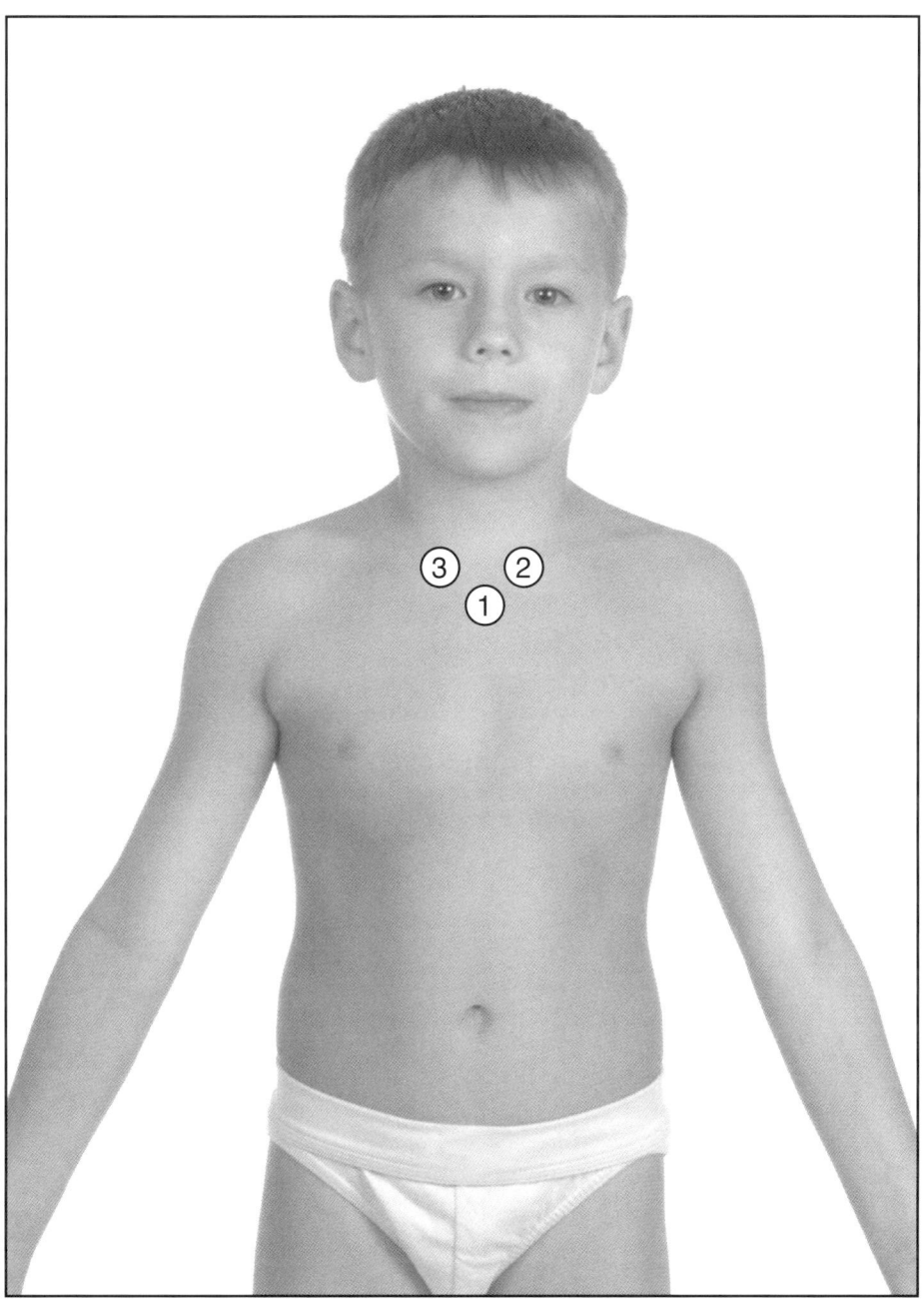

Bild 11: Die Lymphatische Therapie 1

Die Lymphatische Therapie 2

Lage der Punkte:

①+②   Diese Punkte liegen exakt in der Mitte des linken bzw. rechten Schlüsselbeins, unter dem Knochenrand. Beide Punkte sind sehr druckempfindlich.

Farbe: Gelb

③   Dieser Punkt liegt genau in der Mitte des Brustbeins.

Farbe: Violett

Die Bestrahlungsdauer beträgt jeweils 60 Sekunden.

Erläuterungen:

Mit der lymphatischen Therapie 2 können lymphatische Stauungen in der Brustgegend gelöst werden. Sie ist daher bei allen entzündlichen Erkrankungen im Brustbereich wie Husten und Reizhusten, Heiserkeit, Bronchitis und Lungenentzündung angezeigt.

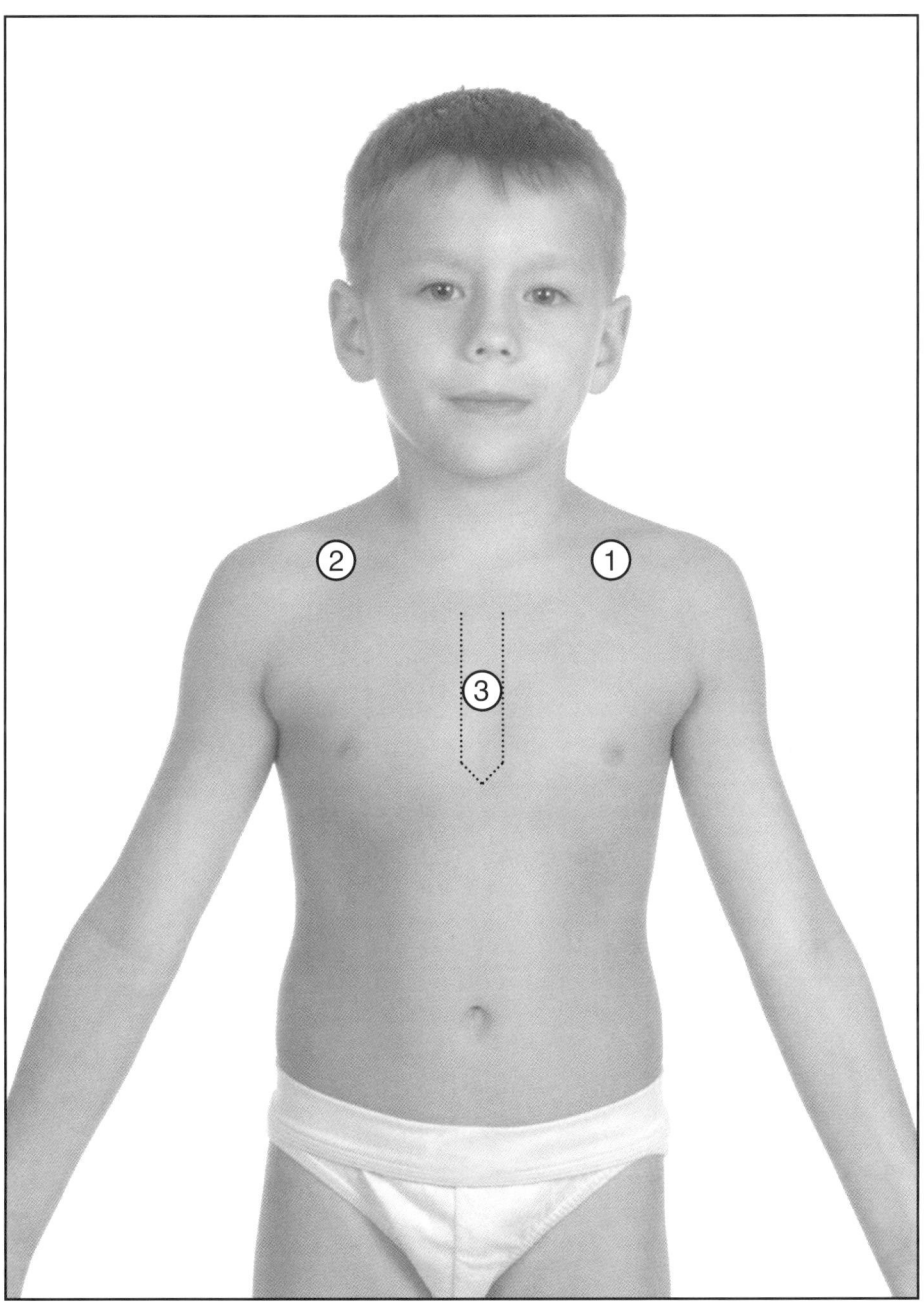

Bild 12: Die Lymphatische Therapie 2

**Die Lymphatische Therapie 3
(Aggressive Zonen)**

Lage der Punkte:

Stellen Sie sich zwei Diagonalen vor, die sich im rechten Winkel genau im Nabel kreuzen. Die Punkte der agressiven Zonen befinden sich auf diesen Diagonalen, und zwar,

① liegt links unten, zwei Querfinger vom Nabelrand entfernt.

② liegt rechts unten, zwei Querfinger vom Nabelrand entfernt.

③ liegt rechts oben, zwei Querfinger vom Nabelrand entfernt.

Die Farbe ist bei allen drei Punkten Grün, die Bestrahlungsdauer beträgt jeweils 60 Sekunden.

Erläuterungen:

Ein Fall aus meiner Praxis: Ein älterer Mann, der gerade am Darm operiert worden war, litt unter Hartleibigkeit. Seine Tochter bestrahlte auf meine Anweisung hin, die agressiven Zonen ihres Vaters mit Grün. Der Erfolg kam so spontan und überzeugend, dass der Vater sich das Farbgerät besorgte, sich seither selbst therapiert und nie wieder Leibschmerzen hatte.

Die lymphatische Therapie 3 ist darüberhinaus sehr hilfreich bei Kindern, Neugeborene inbegriffen, die unter Darmkoliken und Darminfektionen leiden. Diese Therapie ist angezeigt bei allen Problemen und Schmerzzuständen des Magen- und Darmtrakts und bei entzündlichen Beschwerden der Beine, weil sie ableitend und kreislaufanregend wirkt.

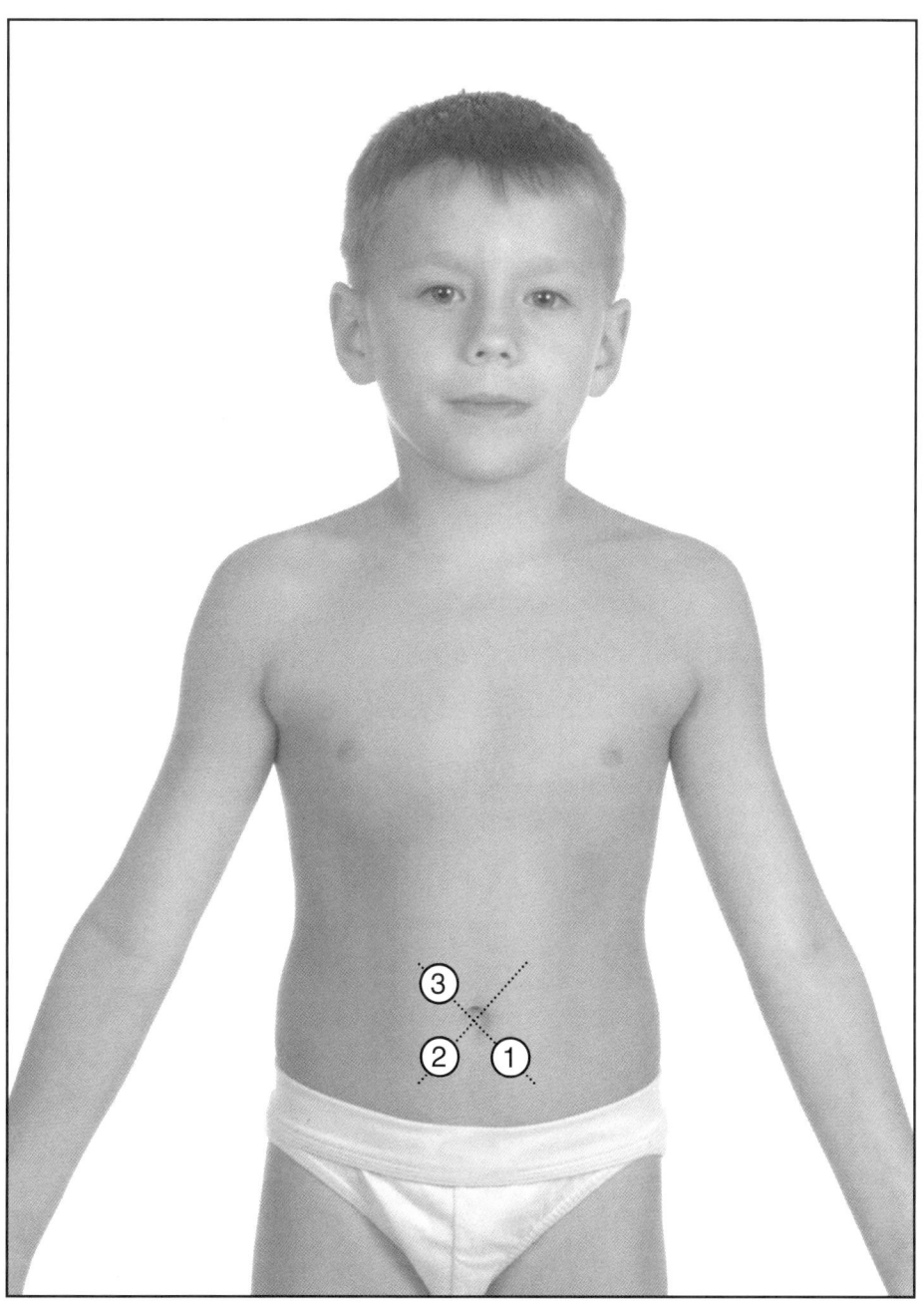

Bild 13: Die Lymphatische Therapie 3 oder Therapie der aggressiven Zonen

Die degenerative Grundbehandlung

Mit der degenerativen Grund-behandlung brechen Verkrustungen und festgefahrene Strukturen auf; sie wird deshalb bei allen körperlichen und psychischen Verhärtungen und Erstarrungen eingesetzt. (Siehe dazu auch das Kapitel »*Die Esogetische Medizin*«).

Die betreffenden Punkte bilden zwei Dreiecke:

Das erste liegt auf der Körperrückseite im Beckenbereich das sog. Beckendreieck, mit der Spitze am Beginn der Analfalte.

Gepiegelt auf die Körpervorderseite erhalten wir das zweite das sog. Bauchdreieck.

Lage der Punkte:

① Dieser Punkt liegt genau am Beginn der Analfalte und bildet die Spitze des Beckendreiecks.

②+③ Diese Punkte sind die Basispunkte des Beckendreiecks und entsprechen den Akupunkturpunkten Blase 31. Sie finden sie, wenn Sie vom Beginn der Analfalte drei Querfinger auf der Wirbelsäule nach oben messen und von diesem Punkt aus wieder zwei Querfinger nach links (Punkt 1) bzw. nach rechts (Punkt 2).

Hinweis: Bei Kindern liegen diese Punkte meist in kleinen Grübchen.

④ Dieser Punkt liegt zwei Querfinger von der Mitte des Schambeins Richtung Nabel und bildet die Spitze des Bauchdreiecks.

⑤+⑥ Diese Punkte sind die Basispunkte des Bauchdreiecks. Sie finden sie, wenn Sie vom Bauchnabel auf einer gedachten Linie drei Querfinger nach unten messen und von diesem Punkt aus wieder zwei Querfinger nach links (Punkt 5) bzw. nach rechts (Punkt 6).

Alle sechs Punkte werden mit der Farbe Rot bestrahlt. Die Bestrahlungsdauer beträgt jeweils 30 Sekunden.

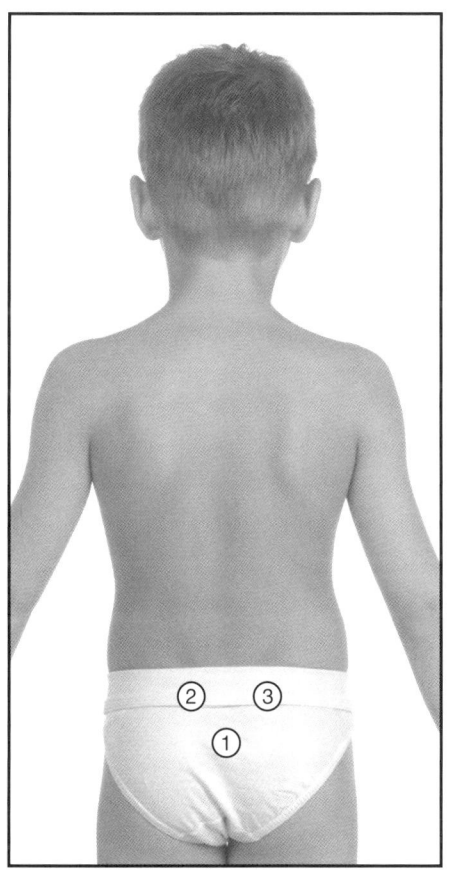 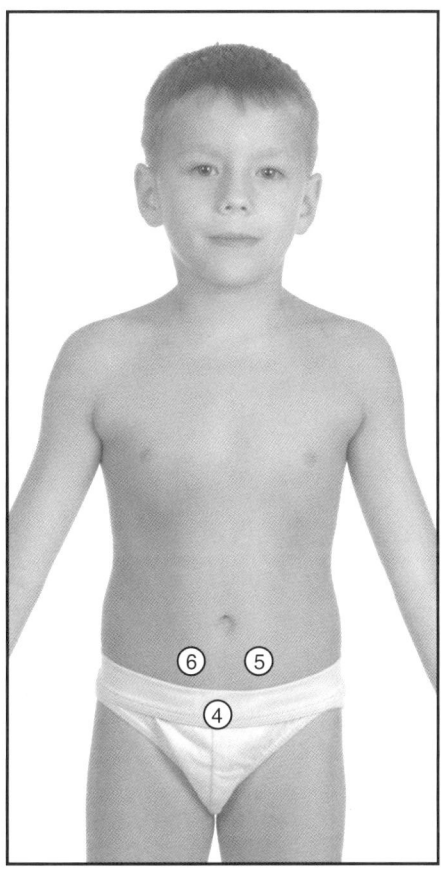

Bild 14 + 15: Die degenerative Grundbehandlung vorne und hinten

Erläuterungen:

Ist ein Mensch in seiner Struktur »hart«, kann er – wie jeder harte Gegenstand leicht zerbrechen; das heißt, ein solcher Mensch läuft Gefahr, sehr schwer zu erkranken; die Krankheit übernimmt die Aufgabe, die Härte und Starre dieses Menschen auf der körperlichen Ebene auzudrücken.

Im Gegensatz zur allgemeinen öffentlichen Meinung können bereits kleine Kinder eine solche harte und starre Struktur aufweisen. Gewöhnlich sind dies extrovertierte und kommunikationsfähige Kinder, die aber eine innere verbitterte Grundhaltung haben und die überempfindlich auf die emotionalen Regungen ihres sozialen Umfelds reagieren.

Die Steuerungstherapie

Die Steuerungstherapie 1 sorgt für eine differenzierte Balance zwischen rationalem und emotionalem Gehirn und führt zu innerer Harmonie und Wohlsein. Sie wird deshalb auch »Gehirnharmonisierung« genannt. Da sie alle gestörten neurovegetativen und hormonellen Vorgänge im Körper reguliert, kann sie ebenfalls als eine Grundtherapie angesehen werden, die noch vor den Grundbehandlungen angewendet werden kann. Morgens durchgeführt ist die Behandlung mit der Steuerung 1 besonders wirkungsvoll. Bitte halten Sie die Reihenfolge der Punkte und die angegebenen Farben und Zeiten unbedingt ein.

Lage der Punkte:

① Dieser Punkt liegt genau auf dem Bauchnabel.

Farbe: Grün

② Dieser Punkt liegt auf einer gedachten Linie vom Nabel abwärts genau dort, wo der Schambeinknochen beginnt.

Farbe: Orange

③ Dieser Punkt liegt auf der Körperrückseite genau dem Nabel gegenüber auf der Wirbelsäule.

Farbe: Violett

④ Dieser Punkt liegt oberhalb des Brustbeins exakt in der Halskuhle.

Farbe: Gelb

⑤ Er liegt auf der Wirbelsäule, und zwar genau auf der Spitze des siebten Halswirbels. Wenn wir den Kopf nach vorne neigen, ist dieser Wirbel der am meisten hervortretende.

Farbe: Rot

⑥ Dieser Punkt liegt rückseitig
auf dem ersten Halswirbel,
in der Kuhle am Ende des
Schädelknochens.

Farbe: Blau

Die Bestrahlungsdauer beträgt
jeweils 30 Sekunden.

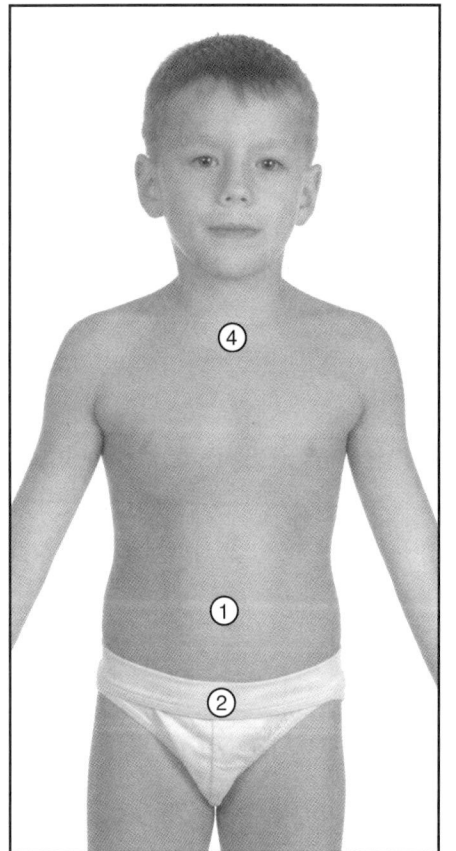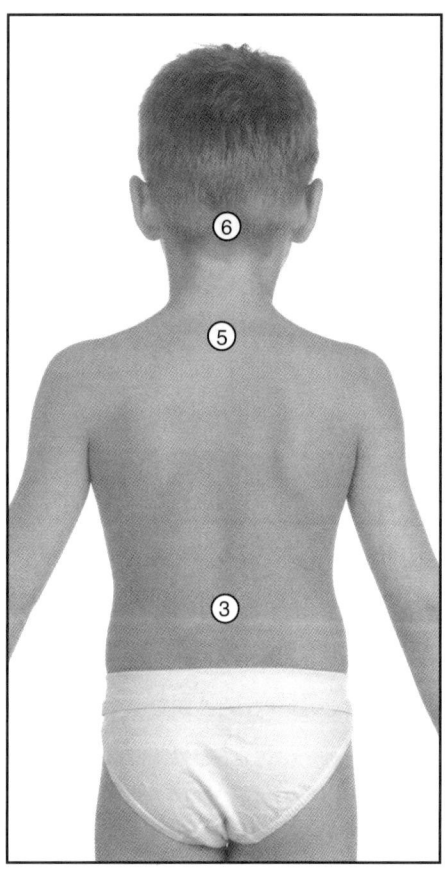

Bild 16 + 17: Steuerung 1 vorne und hinten

Erläuterungen:

Unser Gehirn regelt über die Hormondrüsen alle körperlichen und emotionalen Zustände – von nervöser Unruhe, Schlaflosigkeit bis hin zu diffusen Beschwerden des Magens und Darms. Das Gehirn besteht aus zwei Hälften, die über den Gehirnbalken miteinander verbunden sind. Die rechte Seite des Gehirns steuert die emotionalen, die linke die rationalen Aktivitäten. Ursache für »nervösen« Störungen sind oft in einer mangelnden Kommunikation zwischen den beiden Gehirnhemisphären zu suchen, die zu einer einer Disharmonie führt zwischen dem, was wir denken (linke rationale Seite) und dem, was wir fühlen (rechte emotionale Seite).

Erwachsene wie auch Kinder erleben in der Regel Situationen, zunächst einmal emotional. Wir spüren, dass der erste Impuls bzw. das allererste Gefühl das richtige ist. Aber im selben Moment lassen wir unsere rationale Seite »zensieren« und korrigieren diesen ersten Eindruck. Die Folgen dieses Zwiespalts sind Nervosität, Ängste und verschiedene Arten von Schmerzen. Da wir Erwachsene leider nicht nur unsere »guten« sondern auch unsere »schlechten« Verhaltensweisen auf unsere Kinder übertragen, gibt es bedauerlicherweise immer mehr Kinder, die schon in sehr jungen Jahren unter den gleichen Störungen zu leiden haben.

Die Steuerungstherapie 1 regelt die Differenzierung zwischen rationalem und emotionalem Gehirn, sie kann in kurzer Zeit zu innerem Gleichgewicht und Wohlsein führen.

Viele hypersensible Kinder und Jugendliche haben aus der Steuerungstherapie, direkt vor der Schule oder einer Prüfung angewandt, großen Nutzen gezogen. Viele gaben an, dass sie anschließend ruhiger und konzentrierter waren.

Deshalb lege ich diese Therapie allen Eltern ans Herz. Eine regelmäßige morgendliche Behandlung (die nur fünf Minuten dauert), führt zu einer sehr entspannenden emotionalen und rationalen Klarheit, die den ganzen Tag über anhält.

Darum ist es auch sinnvoll, diese Steuerungstherapie 1 mit fast allen in diesem Buch beschriebenen Therapien für Kinder und Jugendliche zu kombinieren.

Dritter Teil

Spezifische Therapien und Therapiekombinationen

Schlaflosigkeit, Ängste und Verhaltensstörungen

Für ganz spezifische Störungen bei Kindern bieten sich Kombinationen bestimmter einzelner Farbbehandlungen zusammen mit Grund- bzw. Steuerungstherapien an.

Die Kombination von *Steuerung 1, antitraumatischer und pränataler Therapie* hat sich in der Praxis vor allem bei folgenden Beschwerden bewährt:

● Schlaflosigkeit bei Kindern und Säuglingen
● Nächtliche Alpträume
● Diffuse Ängste
● Muskelkrämpfe (Tics)
● Sonstige Verhaltensstörungen.

Die komplette Therapie kann jeden Abend   durchgeführt werden. Bei leichten Störungen genügt eine Behandlung pro Woche.

Steuerung 1

Lage der Punkte:

① Dieser Punkt liegt genau auf dem Bauchnabel.
Farbe: Grün
② Dieser Punkt liegt auf einer gedachten Linie vom Nabel abwärts genau dort, wo der Schambeinknochen beginnt.
Farbe: Orange
③ Dieser Punkt liegt auf der Körperrückseite genau dem Nabel gegenüber auf der Wirbelsäule.
Farbe: Violett
④ Dieser Punkt liegt oberhalb des Brustbeins exakt in der Halskuhle.
Farbe: Gelb
⑤ Er liegt auf der Wirbelsäule, und zwar genau auf der Spitze des siebten Halswirbels. Wenn wir den Kopf nach vorne neigen, ist dieser Wirbel

der am meisten hervortretende.
Farbe: Rot

⑥ Dieser Punkt liegt rückseitig auf dem ersten Halswirbel,

in der Kuhle am Ende des Schädelknochens.
Farbe: Blau

Bestrahlungsdauer: Je 30 Sekunden

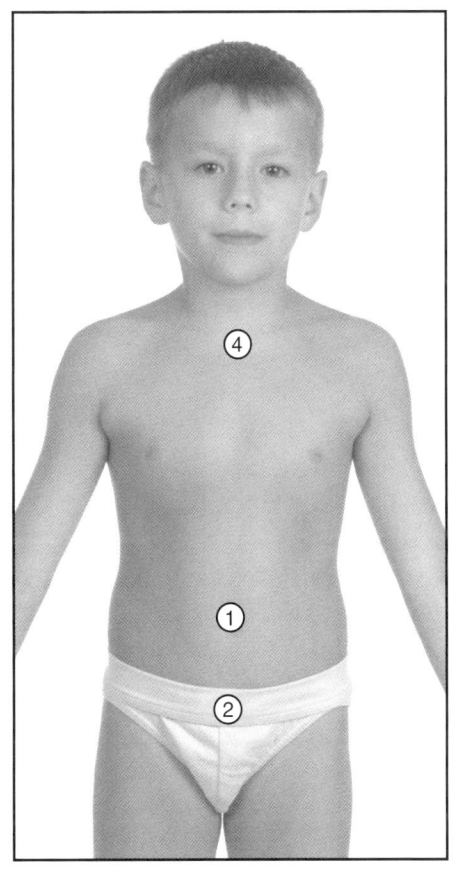 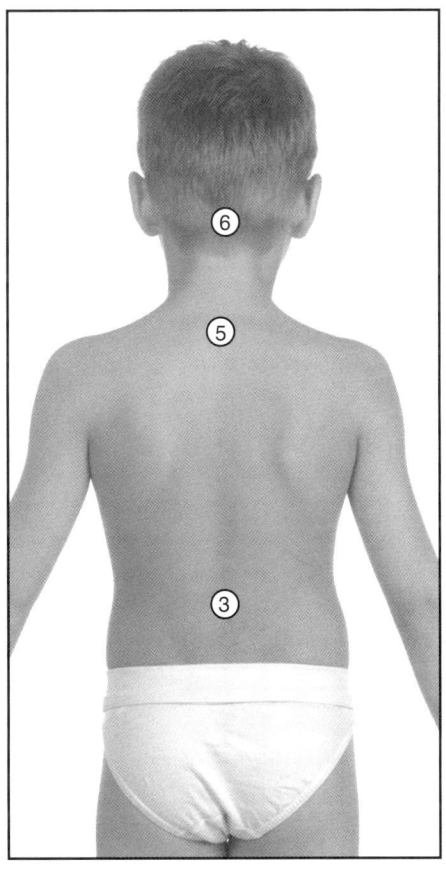

Bild 18 + 19: Steuerung 1 vorne und hinten

Antitraumatische Therapie

Lage der Punkte

① Dieser Punkt liegt auf der Mittellinie (Median) der Fußsohle genau dort, wo beim Biegen des Vorderfußes eine Beuge entsteht. Er entspricht dem Akupunkturpunkt *Niere 1*.
Farbe: Rot

② Dieser Punkt liegt genau in der Mitte zwischen den Augenbrauen. Er entspricht dem Akupunkturpunkt *Yin Trang*.
Farbe: Violett

③ Dieser Punkt liegt auf der Spitze des Kopfes auf der Medianlinie und entspricht dem Akupunkturpunkt *Gouverneurgefäß 20 (GG 20)*.
Farbe: Violett

④ Dieser Punkt liegt im Schädelgrübchen, das nach dem Verschluss der kleinen Fontanelle entstanden ist. Er entspricht dem Akupunkturpunkt *Gouverneurgefäß 19 (GG 19)*.
Farbe: Violett

Die Bestrahlungsdauer beträgt jeweils 30 Sekunden.

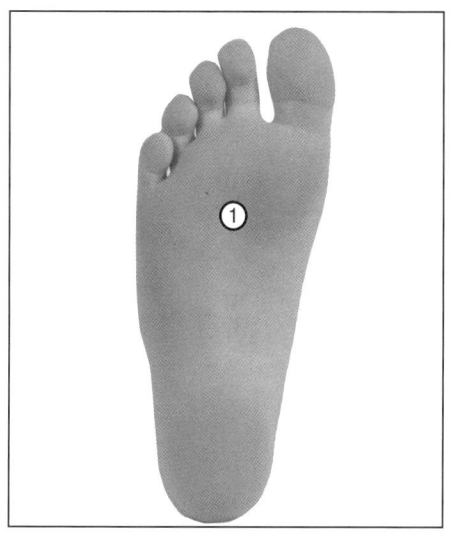 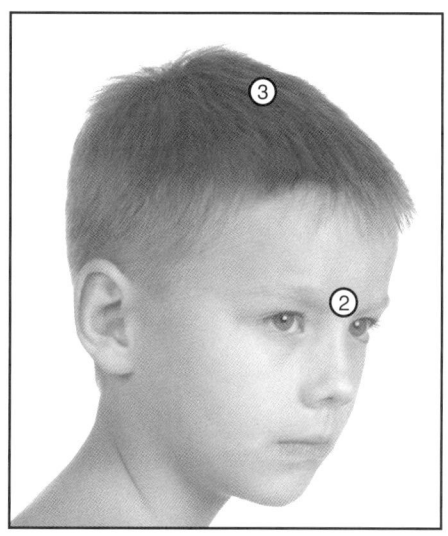

Bild 20: Antitraumatische Therapie –

der Punkte Niere 1 auf der Fußsohle

Bild 21: Antitraumatische Therapie – die

Punkte Yin Trang + GG 20

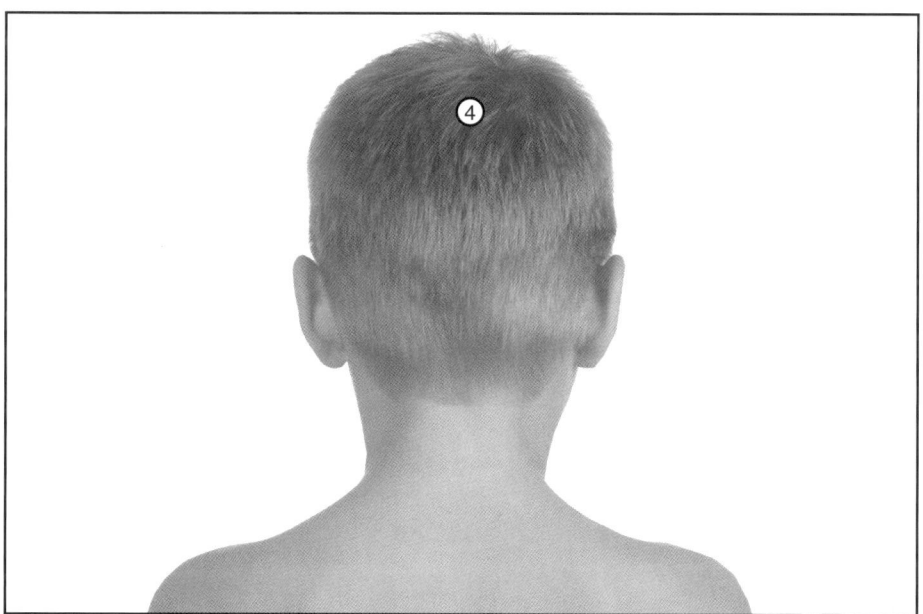

Bild 22: Antitraumatische Therapie – der Punkt GG 19

Pränatale Therapie

Verlauf der Linie 1:

Ausgangspunkt dieser Linie ist das Endgelenk der großen Zehe: die Linie steigt dann leicht an, bis zum höchsten Punkt unter dem Fußknöchel, fällt dann wieder ab und endet am hinteren Fuß in der Mitte der Ferse. Zuerst bestrahlt man langsam mit der violetten Farbe die Linie des linken Fußes von der großen Zehe bis zur Ferse und zurück und dann die Linie des rechten Fußes in der gleichen Weise.

Die Bestrahlung für jeden Fuß beträgt 90 Sekunden.

Verlauf der Linie 2:

Diese Linie beginnt unterhalb des 3. Zehennagels und führt nach oben bis zum Sprunggelenk. Streichen Sie langsam mit der Farbe Orange die Linie des linken Fußes vom Zehennagel bis zum Sprunggelenk und zurück und dann die Linie des rechten Fußes in der gleichen Weise.

Die Bestrahlung für jeden Fuß beträgt 90 Sekunden.

Verlauf der Linie 3:

Diese Linie liegt auf der Außenseite des Fußes: sie beginnt am Nagelfalz der kleinen Zehe, steigt bis unter den äußeren Fußknöchel und verläuft in einem leicht abfallenden Bogen bis zur Mitte der Ferse. Streichen Sie langsam mit der Farbe Gelb die Linie des linken Fußes vom Nagelfalz bis zur Ferse und zurück und dann die Linie des rechten Fußes in der gleichen Weise.

Die Bestrahlung für jeden Fuß beträgt 90 Sekunden.

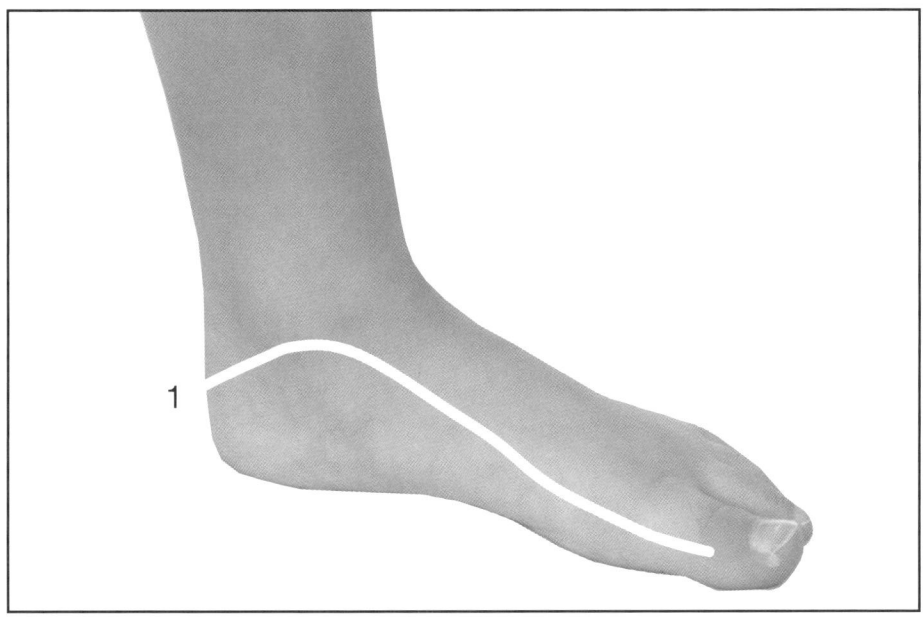

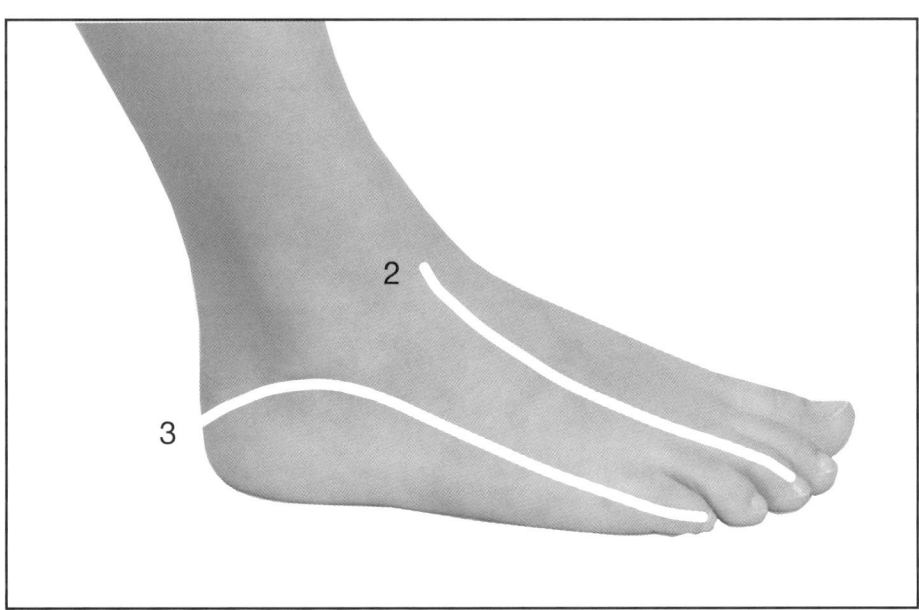

Bild 23 + 24: Die pränatalen Linien 1, 2 und 3

Erläuterungen:

Seitdem ich mit der Farbpunktur arbeite, konnte ich in meiner Praxis beobachten, dass Schlaflosigkeit als Störung bei Kindern und Neugeborenen viel häufiger auftritt als noch vor zehn Jahren. Peter Mandel empfahl mir als entsprechende Grundtherapie die antitraumatische Therapie und ich bestrahlte Hunderte von »schlaflosen« Kindern, auch um deren todmüde Eltern wieder »aufzufrischen«.

Die Ergebnisse waren so erstaunlich, dass wir eine Studie mit über 80 Kindern mit Schlafstörungen durchführten. Die Kinder sollten zu einem späteren Zeitpunkt noch einmal in die Praxis kamen, damit wir die Ergebnisse belegen konnten.

Diese 1994 veröffentlichte Studie zeigt, dass nach nur drei Sitzungen im wöchentlichen Abstand 56% der Kinder geheilt waren, 38% ging es wesentlich besser, so dass die Eltern ihr früheres, aktives Leben ohne Schwierigkeiten wieder aufnehmen konnten. Das Interessanteste an dieser Studie ist, dass die eigentliche Bedeutung der angewandten Therapie scheinbar kein direktes Verhältnis zum Schlafverhalten hat. Die rot bestrahlten Punkte Niere 1 auf der Fußsohle dienen zur Stärkung des Nierenmeridians, dessen negative psychologische Zuordnung die Angst ist. Die Farbpunktur in dieser Zone hilft, die Angst der Kinder zu vermindern und sogar aufzulösen. Die drei Kopfpunkte der antitraumatischen Therapie sind direkt mit der Psyche verbunden, wobei die Farbe Violett eine tiefgehende Beruhigung fördert. Mit der antitraumatischen Therapie wird also eine tiefsitzende Angst an die Oberfläche geholt, quasi akut gemacht und dann anschließend wieder beruhigt.

Auch bei Jugendlichen, die an Muskelkrämpfen, an sogenannten Tics leiden, zeigt die Anti-Trauma-Therapie außergewöhnliche Wirkung. Fast alle Betroffenen sind Jungen zwischen acht und zwölf Jahren. Der Tic offenbart sich plötzlich von einem Tag zum anderen mit unaufhaltsamen Bewegungen der Muskeln des Gesichts, mit kehligen Tönen oder raschen Hustenanfällen. Ein Junge litt so stark an diesen Hustenanfällen, dass viele dachten, er hätte Keuchhusten. Aber nur wenn er wach war, hustete der Junge und nie während des Schlafens. Deshalb war die Diagnose sehr einfach, und die Behandlung mit Hilfe der Farbpunktur war noch einfacher. 24 Stunden nach der Therapie, die

grundsätzlich nur einmal durchgeführt wird, verschwinden oder vermindern sich die Tics drastisch. Die sofortige Reaktion des Jungen auf die Therapie zeigte, dass sich bei ihm eine sehr tiefgehende Hemmung aufgelöst hatte.

Gerade die Anti-Trauma-Therapie ist ein gutes Beispiel, um zu verstehen, dass die Farbpunktur keine symptomatische Therapieform ist, sondern eine vielschichtige Bandbreite verschiedener Anwendungsmöglichkeiten anbietet. Sie hat sich vor allem dann bewährt, wenn Störungen neuesten psychischen Ursprungs sind und in Zusammenhang mit nicht ausgedrückter Angst stehen. Sie ist aber auch als Vorbeugung sehr nützlich, um potentiell angstmachende oder schockierende Situationen, wie die vor einem chirurgischen Eingriff oder einer Einlieferung ins Krankenhaus, zu ertragen oder sich damit besser auseinanderzusetzen. Sehr oft überwindet man auf diese Weise mit großer Ruhe schwierige Situationen, zum Beispiel eine Operation, vor denen man vorher große Angst hatte.

Besondere Beachtung verdient die sog. pränatale Therapie, da sie über das Therapeutische hinaus auch amüsante und rührende Wirkungen hervorruft.

Ein siebenjähriger Junge wurde zu mir in die Praxis gebracht, weil er in der Schule immer sehr aufgeregt war und die Lehrerin es nicht mehr ertragen konnte. Ich behandelte das Kind mit der pränatalen Therapie. Am Tag danach rief die Lehrerin ganz erschüttert bei den Eltern an, und bat sie dringend um ein Gespräch. Die Eltern kamen umgehend und

sehr besorgt zur Schule, um von der total verunsicherten und ratlosen Lehrerin zu hören, dass ihr Sohn plötzlich von einem Tag auf den anderen ruhig und aufmerksam auf seinem Stuhl sitzen blieb …

Die pränatale Therapie der Farbpunktur basiert auf der Metamorphose-Therapie des englischen Therapeuten Robert St. John. Dieser fand heraus, dass jene Fußreflexzonen, die den einzelnen Bereichen der Wirbelsäule entsprechen, die eigene vorgeburtliche Entwicklungsphase repräsentieren. Und weiter, dass die Zone eines jeden Wirbels von der großen Zehe an bis zur Ferse genau einer (vorgeburtlichen) Woche entspricht. Mit Hilfe der pränatalen Therapie können Traumen aus dieser vorgeburtlichen Phase aufgelöst werden. Mandel ist davon überzeugt, dass viele Störungen, die unser

Leben belasten, von unbewältigten Traumen aus vorgeburtlicher Zeit verursacht werden. Neueste medizinische Forschungen haben diese Annahme in der Praxis bestätigt: man konnte nachweisen, dass der für das Aufnehmen von Emotionen zuständige Bereich unseres Gehirns, das sogenannte limbische System, im Fötus schon ab der sechsten Lebenswoche ausgebildet ist. Ein Fötus von anderthalb Monaten kann also schon Emotionen haben! Diese Hypothese hat sich in der Praxis bestätigt.

Besonders erstaunlich ist in vielen Fällen die Wirkung dieser pränatalen Therapie auf Kinder mit einem Handikap oder angeborenen Missbildungen. Diese Kinder haben oft während der Vorgeburtsphase ein wie immer geartetes Trauma erfahren. Bereits nach einer ersten Behandlung können sie ruhig und ausgeglichen werden.

Auch wenn wir keine traumatischen Erlebnisse aus vorgeburtlicher Zeit zu verarbeiten, ist die pränatale Therapie im Grunde für uns alle geeignet, da sie eine äußerst entspannende und wohltuende Wirkung entfaltet.

Noch ein Wort an all die Mütter, die beim Thema Schwangerschaftstraumata Gewissensbisse bekommen: Das Verhältnis zwischen Mutter und Kind vor und nach der Schwangerschaft hängt nicht nur von der Mutter ab, sondern auch vom Kind; wenn dem nicht so wäre, dann gäbe es kein »Verhältnis«.

Des öfteren konnte ich beobachten, dass sehr empfindliche Kinder ein Ereignis, das für ihre Eltern oder für andere Kinder kein Trauma war, als traumatisch empfunden wurde. Giorgio war ein vierjähriger, sehr empfindlicher Junge, als er in meine Praxis kam. Er hing ständig am Rockzipfel der Mutter. Der Versuch, den Kleinen in den Kindergarten zu bringen, endete mit verzweifeltem Weinen und großem Leiden. Wir haben Giorgio einmal mit der pränatalen Therapie behandelt und ihn für die folgende Woche nochmals in die Praxis bestellt. Am nächsten Tag rief uns die aufgeregte Mutter an, um uns mitzuteilen, dass Giorgio singend in den Kindergarten gegangen war.

Meine Kollegin Frau Dr. Kristen aus Zürich hat mir einen anderen schönen Vorfall erzählt: Bei der Entbindung ihrer Freundin, kam das Neugeborene mit starken Atembeschwerden auf die Welt. Frau Kristen bestrahlte auf den kleinen Füßchen sofort die Linie der pränatalen Therapie. Nach der Bestrahlung der ersten Linie am linken Füßchen fing das Neugeborene regelmäßig zu atmen an.

Bauchschmerzen und Koliken bei Säuglingen

Die Kombination der Farbtherapien *Steuerung 1, blauer Magenrhombus und die Behandlung der agressiven Zonen* hat sich in der Praxis vor allem bei folgenden Beschwerden bewährt:

* Koliken bei Säuglingen
* Wiederkehrende Bauchschmerzen
* Emotional bedingte Bauchschmerzen

Diese Kombinationsbehandlung sollte täglich durchgeführt werden.

Steuerung 1

Lage der Punkte:

① Dieser Punkt liegt genau auf dem Bauchnabel.

Farbe: Grün

② Dieser Punkt liegt auf einer gedachten Linie vom Nabel abwärts genau dort, wo der Schambeinknochen beginnt.

Farbe: Orange

③ Dieser Punkt liegt auf der Körperrückseite genau dem Nabel gegenüber auf der Wirbelsäule.

Farbe: Violett

④ Dieser Punkt liegt oberhalb des Brustbeins exakt in der Halskuhle.

Farbe: Gelb

⑤ Er liegt auf der Wirbelsäule, und zwar genau auf der Spitze des siebten Halswirbels. Wenn wir den Kopf nach vorne neigen, ist dieser Wirbel der am meisten hervortretende.

Farbe: Rot

⑥ Dieser Punkt liegt rückseitig auf dem ersten Halswirbel, in der Kuhle am Ende des Schädelknochens.

Farbe: Blau

Die Bestrahlungsdauer beträgt jeweils 30 Sekunden.

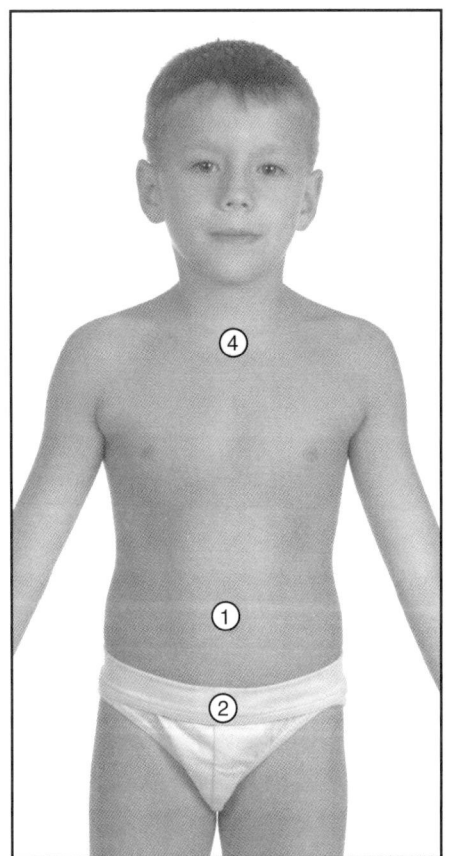 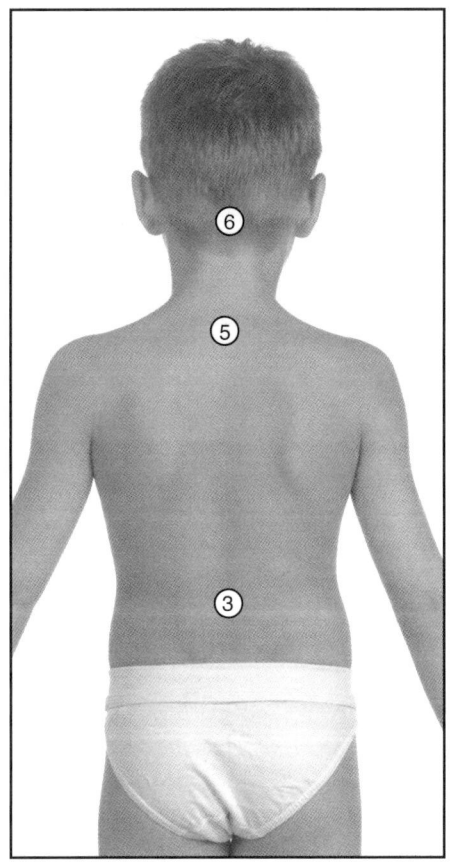

Bild 25 + 26: Steuerung 1 vorne und hinten

Blauer Magenrhombus

Lage der Punkte:

①   Dieser Punkt liegt auf der Spitze des Brustbeins.

③   Dieser Punkt liegt auf dem oberen Rand des Bauchnabels.

②+④   Diese Punkte bilden die Spitzen zweier gleichschenkliger Dreiecke, die Sie sich ausgehend von den Punkten 1 und 3 als Basispunkte nach rechts und links vorstellen können.

Alle Punkte werden jeweils 30 Sekunden mit Blau bestrahlt.

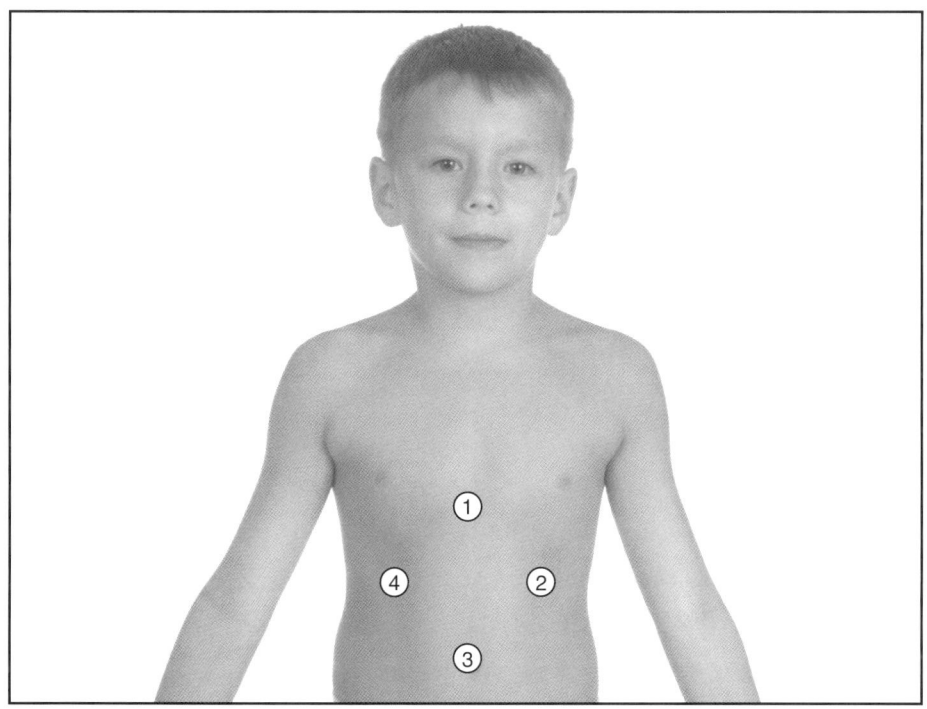

Bild 27: Magenrhombus

Δ

Aggressive Zonen

Lage der Punkte:

① – ③ Diese Punkte finden Sie um den Bauchnabel herum, zwei Querfinger vom Nabelrand entfernt. Sie liegen auf zwei Diagonalen, die sich im rechten Winkel genau über dem Nabel kreuzen, und zwar rechts oben, rechts unten und links unten. Bestrahlen Sie im Uhrzeigersinn beginnend mit Punkt 1 links unten.

Die Farbe aller Punkte ist Grün, die Bestrahlungsdauer beträgt jeweils 30 Sekunden.

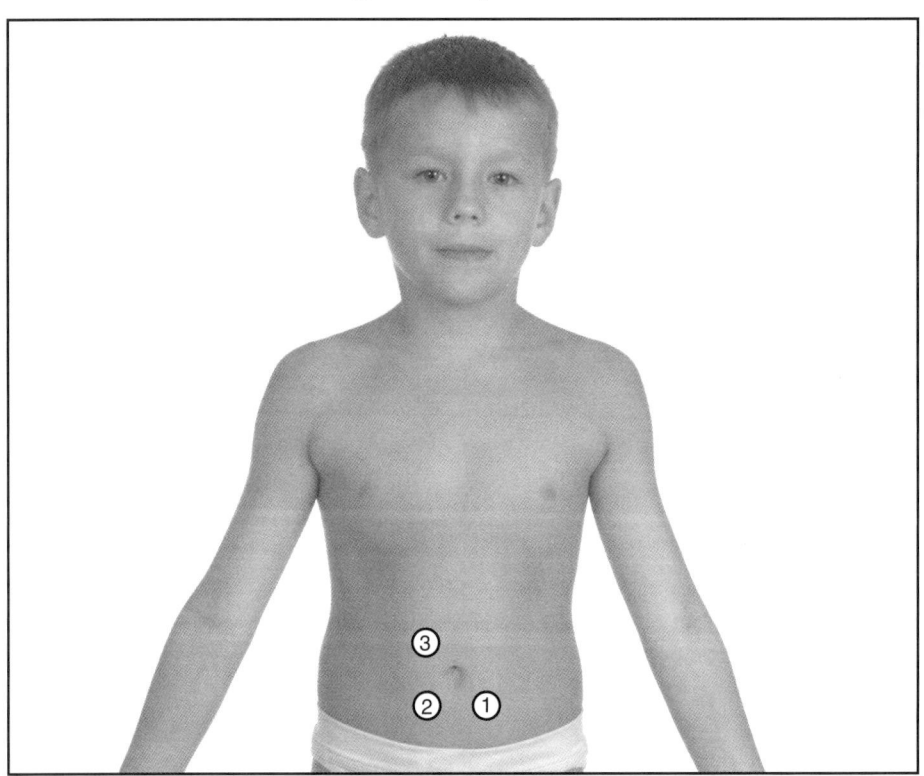

Bild 28: Die aggressiven Zonen

Erläuterungen:

Babykoliken treten während der ersten drei Lebensmonate auf und sind oft mit starken Weinkrämpfen verbunden. Als Auslöser dieser Störung wurden viele verschiedenartige Einflüsse vermutet, wie zum Beispiel das Stillen, Unverträglichkeit von Kuhmilch, Darminfektionen usw. Nach heutigem Wissensstand kann keiner dieser Umstände als Ursache der Koliken nachgewiesen werden. Ganz im Gegenteil: Seit einigen Jahren gilt diese Störung als die »erste psychosomatische Krankheit des Menschen«.

In der Tat hören Koliken oft urplötzlich auf, wenn eine Mutter ihr Kind in den Arm nimmt. Darüberhinaus konnte man eine starke Relation zwischen Angstzuständen der Mutter und den Koliken ihres Säuglings feststellen.

Als ich in den siebziger Jahren meine Arbeit als leitender Arzt der Pädiatrieabteilung in Locarno begann, war es auch hier – wie in der ganzen sogenannten »entwickelten« Welt – gang und gäbe, das Neugeborene gleich nach der Geburt von der Mutter zu trennen. Die Mutter sah ihr Baby nur zu bestimmten Tageszeiten während des Stillens und nie in der Nacht. Wenn eine Mutter aus dem Krankenhaus entlassen wurde, kannte sie ihr Baby kaum. Diese Unsicherheit begründete oft tiefe Angstgefühle. Während der ersten Wochen zu Hause kam es häufig zu Koliken bei den Neugeborenen – manchmal unheilbar und mit schlimmen Folgen, die die ganze Familie belasteten.

Einige Jahre später gelang es uns mit großer Anstrengung durchzusetzen, dass Mutter und Kind ab dem Zeitpunkt der Geburt ständigen Kontakt zueinander halten konnten. Von diesem Moment an beobachteten wir eine drastischen Abnahme der Koliken fest.

Emotional bedingte Bauchschmerzen bei Kindern sind für die Eltern oft sehr besorgniserregend. Die Angst, dass das Kind unter akuter Blinddarmentzündung leiden könnte, ist fast schon sprichwörtlich, und gewöhnlich bringen die Eltern das Kind auch deswegen zum Arzt.

Normalerweise ist bei Bauchschmerzen dann nichts zu befürchten, wenn beim Kind keine anderen Symptome, wie beispielsweise Erbrechen, Fieber oder Blässe auftreten. »Gewöhnliche« Bauchschmerzen gehen sehr schnell zurück; bei akuter Blinddarmentzündung hingegen wird der Schmerz stündlich stärker.

Lassen Sie mich das Phänomen »Bauchschmerzen« anhand eines Praxisbeispiels erklären. Emanuele klagte jeden Tag über Bauchschmerzen, außer am Samstag, Sonntag und während der Schulferien. Er ging gerne zur Schule, aber immer bevor er aus dem Haus ging, drückte ihm »etwas« auf den Magen: er hatte solche Schmerzen, dass ihm der Appetit auf das Frühstück gründlich verging. Nach einer Farbpunktur-Therapie mit der *Steuerung 1* und dem *Bauchrhombus* hörten die Schmerzen auf, und Emanuele begann, »wie ein Bär« zu frühstücken.

Kinder im Schulalter, die nicht frühstücken wollen, leiden nicht unter irgendeiner seltsamen Krankheit, sondern drücken ihre übersteigerte Gemütserregung dadurch aus, dass sie ihr Sonnengeflecht und damit ihren Magen einfach »zuschließen«. Man muss der Vollständigkeit halber erwähnen, dass dies nicht nur bei Kindern der Fall ist; diese Konsequenz starker Emotionen ist auch bei Erwachsenen sehr verbreitet. Ich bin sicher, jeder von Ihnen kennt einen Menschen mit solcher Problematik.

Wiederkehrende Infekte und Hautprobleme

Die Kombination der Farbtherapien *Steuerung 1, agressive Zonen, Immunitätspunkte, Nierenpole* und *pränataler Therapie* hat sich in der Praxis vor allem bei folgenden Beschwerden bewährt:

- Schnupfen
- Mittelohrentzündung
- Nebenhöhlenentzündung
- Bronchitis
- Allergien
- Asthma
- allgemeine Hauterkrankungen
- Ekzeme

Alle fünf Behandlungen sollten einmal wöchentlich durchgeführt werden. Die Immunitätspunkte können sogar einmal täglich therapiert werden.

Steuerung 1

Lage der Punkte:

① Dieser Punkt liegt genau auf dem Bauchnabel.
Farbe: Grün
② Dieser Punkt liegt auf einer gedachten Linie vom Nabel abwärts genau dort, wo der Schambeinknochen beginnt.
Farbe: Orange
③ Dieser Punkt liegt auf der Körperrückseite genau dem Nabel gegenüber auf der Wirbelsäule.
Farbe: Violett
④ Dieser Punkt liegt oberhalb des Brustbeins exakt in der Halskuhle.
Farbe: Gelb

⑤ Dieser Punkt liegt auf der Wirbelsäule, und zwar genau auf der Spitze des siebten Halswirbels. Wenn wir den Kopf nach vorne neigen, ist dieser Wirbel der am meisten hervortretende.
Farbe: Rot

⑥ Dieser Punkt liegt rückseitig auf dem ersten Halswirbel, in der Kuhle am Ende des Schädelknochens.
Farbe: Blau

Die Bestrahlungsdauer beträgt jeweils 30 Sekunden

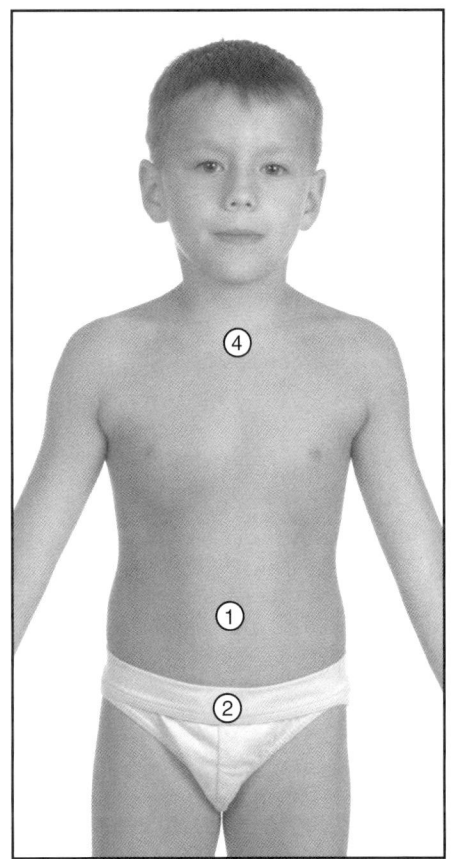
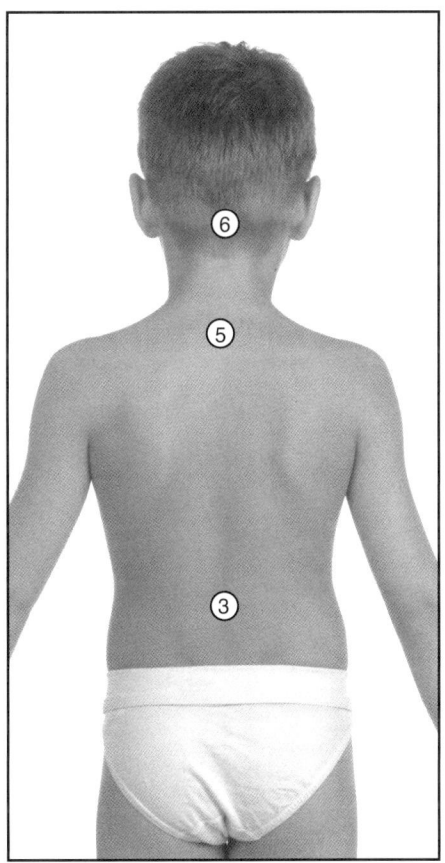

Bild 29 + 30: Steuerung 1 vorne und hinten

Aggressive Zonen

Lage der Punkte:

① – ③ Diese Punkte finden Sie um den Bauchnabel herum, zwei Querfinger vom Nabelrand entfernt. Sie liegen auf zwei Diagonalen, die sich im rechten Winkel genau über dem Nabel kreuzen, und zwar rechts oben, rechts unten und links unten. Bestrahlen Sie im Uhrzeigersinn beginnend mit Punkt 1 links unten.

Farbe: Grün

Dauer: 30 Sekunden

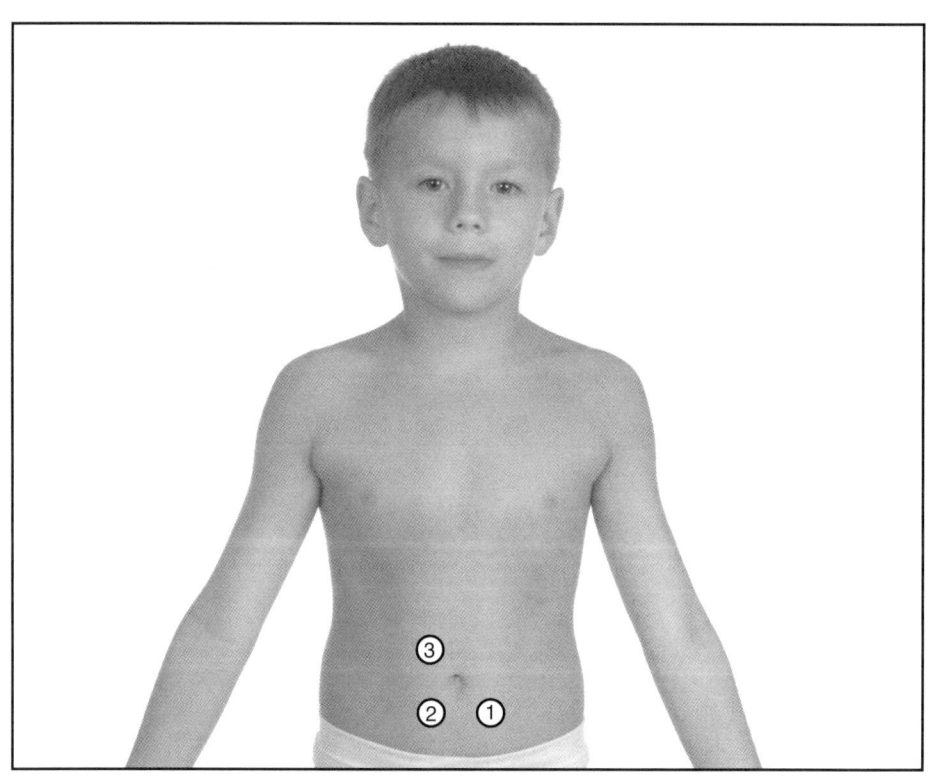

Bild 31: Die aggressiven Zonen

Immunitätspunkte

Lage der Punkte:

① Dieser Punkt liegt auf der Rückseite des Oberschenkels, und zwar auf einer gedachten Mittellinie genau in der Mitte zwischen Kniekehle (Punkt 2) und der Gesäßfalte.

② Dieser Punkt liegt genau in der Mitte der Kniekehle.

③ Dieser Punkt liegt auf der Rückseite des Unterschenkels, und zwar auf einer gedachten Mittellinie vier Querfinger unter der Kniekehle (Punkt 2).

Die Farbe ist bei allen Punkten Rot – die Bestrahlungsdauer beträgt jeweils 30 Sekunden.

Bestrahlen Sie immer zuerst den Punkt auf dem linken Bein, dann den auf dem rechten.

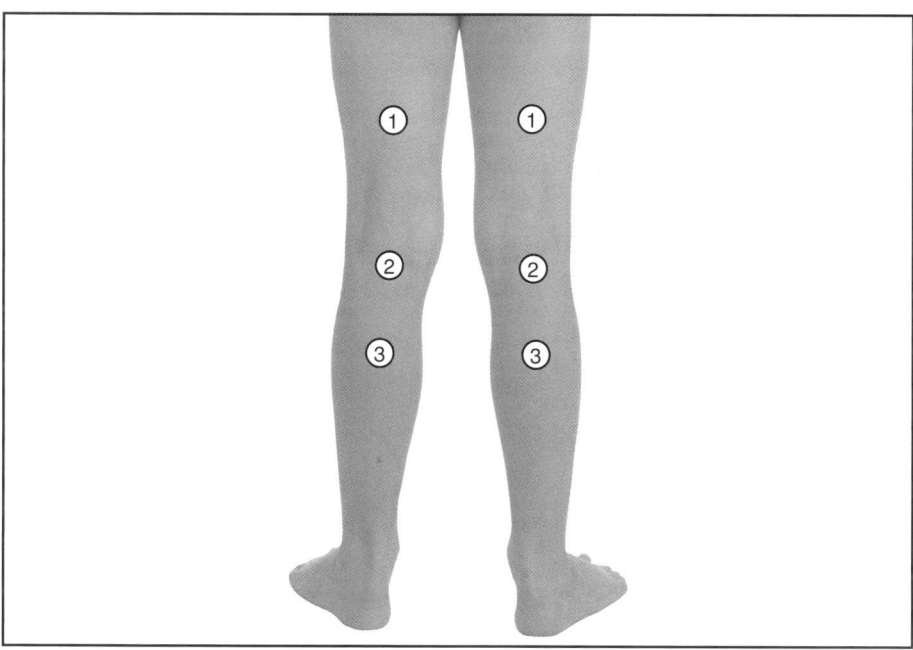

Bild 32: Die Immunitätspunkte an der Rückseite des Beines

Nierenpole

Lage der Punkte:

①+② Diese Punkte können Sie leicht ertasten: legen Sie die Hände mit dem Daumen nach hinten auf Ihre Hüfte; die abgespreizten Daumen berühren jeweils rechts und links die zu bestrahlenden Zonen (die sehr druckempfindlich sind).

Bestrahlt wird zunächst der linke dann der rechte Nierenpol.
Farbe: Rot
Dauer: 30 Sekunden.

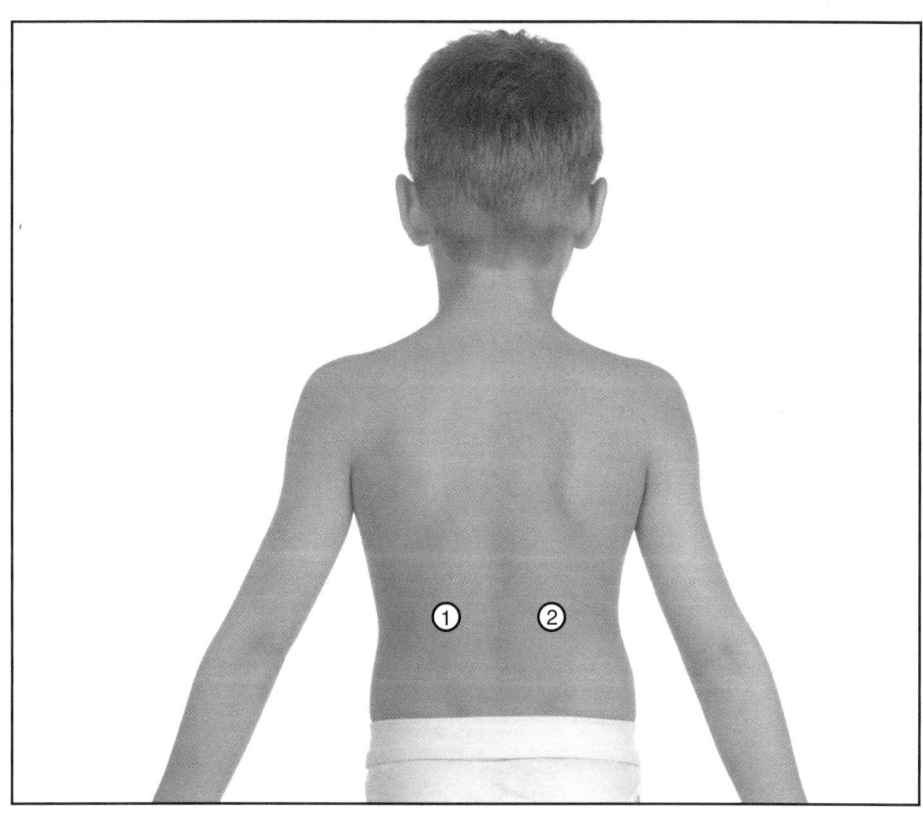

Bild 33: Die Nierenpole

Pränatale Therapie

Verlauf der Linie 1:

Ausgangspunkt dieser Linie ist das Endgelenk der großen Zehe: die Linie steigt dann leicht an, bis zum höchsten Punkt unter dem Fußknöchel, fällt dann wieder ab und endet am hinteren Fuß in der Mitte der Ferse. Zuerst bestrahlt man langsam mit der violetten Farbe die Linie des linken Fußes von der großen Zehe bis zur Ferse und zurück und dann die Linie des rechten Fußes in der gleichen Weise.

Die Bestrahlung für jeden Fuß beträgt 90 Sekunden.

Verlauf der Linie 2:

Diese Linie beginnt unterhalb des 3. Zehennagels und führt nach oben bis zum Sprunggelenk. Streichen Sie langsam mit der Farbe Orange die Linie des linken Fußes vom Zehennagel bis zum Sprunggelenk und zurück und dann die Linie des rechten Fußes in der gleichen Weise.

Die Bestrahlung für jeden Fuß beträgt 90 Sekunden.

Verlauf der Linie 3:

Diese Linie liegt auf der Außenseite des Fußes: sie beginnt am Nagelfalz der kleinen Zehe, steigt bis unter den äußeren Fußknöchel und verläuft in einem leicht abfallenden Bogen bis zur Mitte der Ferse. Streichen Sie langsam mit der Farbe Gelb die Linie des linken Fußes vom Nagelfalz bis zur Ferse und zurück und dann die Linie des rechten Fußes in der gleichen Weise.

Die Bestrahlung für jeden Fuß beträgt 90 Sekunden.

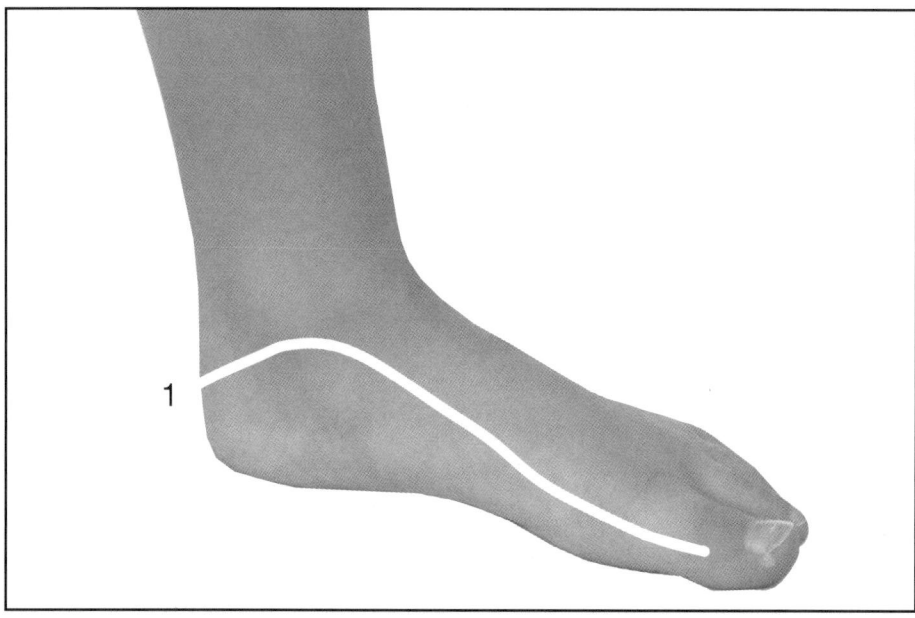

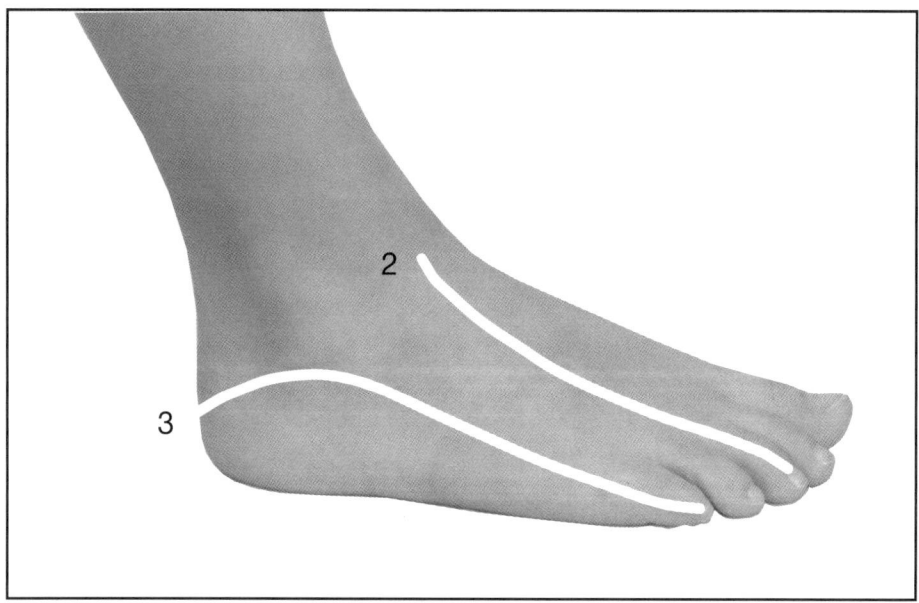

Bild 34 + 35: Die Pränatalen Linien 1, 2 und 3

Erläuterungen:

Das Immunsystem, das Abwehrsystem unseres Körpers, ist während der letzten Jahrzehnte von der Medizin weiter erforscht und neu bewertet worden. Es wird aus Zellen gebildet, die »weiße Blutkörperchen« genannt werden. Ihre Aufgabe besteht darin, jede Substanz, die in den Körper eindringt – ob Virus oder Bakterium – anzugreifen. Diese Millionen von Abwehrzellen arbeiten eng mit dem Gehirn zusammen; sie produzieren ganz bestimmte Hormone, über die sie mit der sogenannten »grauen Substanz« des Gehirns eng verbunden sind. Das heißt, dass einerseits das Gehirn sehr viel über das Immunsystem weiß, andererseits weiß das Immunsystem sehr viel über das Gehirn.

Wenn wir unter chronischer Spannung leben, sinkt die Kraft unseres Abwehrsystems. Wir werden krank. Das Kind, das zum ersten Mal voller Angst in den Kindergarten geht, erkrankt beispielsweise an einer Ohrentzündung. Der Grund: ein perfekter Mechanismus, der die energetische Störung auf die körperliche Ebene umleitet. Die Farbpunktur wirkt auch in diesem Fall auf den Ursprung dieser energetisch-informativen Störung ein, also auf das Gehirn, indem sie versucht, Stress und Angst zu verringern und so auch die Entzündungsreaktion zu mildern.

Die Emotion als Bindeglied zwischen Immunsystem und Gehirn ist ausschlaggebend nicht nur bei Infektionskrankheiten, sondern auch bei Geschwulsten, deren Auftreten oder Verschwinden von bestimmten weißen Blutkörperchen gesteuert wird. Längst hat die Wissenschaft nachgewiesen, dass der Seelenzustand eines an Krebs erkrankten Menschen die Entwicklung der Krankheit direkt beeinflusst.

Ich möchte Ihnen gerne noch die Geschichte eines sehr sensiblen Jungen erzählen: Schon als kleines Kind hatte Thomas immer am Abend vor der Fahrt in die Sommerferien 40° Fieber. Im Alter von zehn Jahren fuhr Thomas in ein Landschulheim in die Berge. Am nächsten Tag bekam er starke Ohrschmerzen und 39° Fieber. Der hinzugezogene Arzt diagnostizierte eine eitrige Mittelohrentzündung und verschrieb korrekterweise ein Antibiotikum. Die Eltern brachten ihren Sohn sofort nach Hause. Als ich das Kind anschließend untersuchte, stellte ich fest, dass die Paukenhöhle völlig normal war; der Junge hatte kein Fieber mehr und war guter Dinge. Dieses Phänomen verschwand erst als er erwachsen wurde.

Sie werden diesen Mechanismus sehr gut kennen. Durch seine große, unterdrückte Angst hatte Thomas sein Immunsystems herabgesetzt. In diesem Moment der Schwäche konnte sich eine eitrige Ohrentzündung entwickeln. Als die Eltern ihn nach Hause gebracht hatten, verschwanden Angst und damit auch die Krankheit sofort. Diese Begebenheit zeigt uns, welch großen Einfluss Emotionen auf unseren Körper haben können.

Locke und Colligan zitieren in ihrem Buch eine Studie der Kinderärzte R. Meyer und R. Haggerty. Diese Studie beschäftigt sich mit der Frage, ob bei Kindern psychologische Faktoren Krankheiten beeinflussen können. Die beiden Kinderärzte beobachteten über ein ganzes Jahr 16 Familien mit einem oder mehr Kindern und überprüften im Drei-Wochen-

Rhythmus deren Gesundheits-
zustand. Außerdem zeichneten
sie alle medizinischen, sozialen
und emotionalen Faktoren auf,
die während dieses Zeitraums
Einfluss auf die Testpersonen
nahmen.

Einige Fakten waren für das
Auftreten von Krankheiten
sehr relevant. So zum Beispiel
das Lebensalter der Kinder, die
Jahreszeit und der Stress.
Durchschnittlich in einem von
vier Fällen trat die Krankheit
nach einer Familienkrise auf.
Die Forschungsergebnisse be-
legten, dass die Wahrschein-
lichkeit einer Infektion nach
einer Stresssituation vier Mal so
groß war als vergleichsweise
unter »normalen« Umständen.

Ein Beispiel: Eine Familie
bekam Besuch von einem
Onkel, der an Mandelentzündung litt. Obwohl alle sechs
Mitglieder der Familie – Eltern
und vier Kinder – der Infektion
ausgesetzt waren, erkrankte
nur eines: die älteste Tochter,
die während des Aufenthalts
ihres Onkels unter Stress stand,
weil sie den Katechismus recht-
zeitig bis zur Firmung auswen-
dig lernen musste!

Migräne und Kopfschmerzen

Die Kombination der Farbtherapien *Steuerung 1, blauer Magenrhombus* und der *Blase 31* hat sich in der Praxis vor allem bei Kopfschmerzen und Migräneanfällen bewährt.

Steuerung 1

Lage der Punkte:

① Dieser Punkt liegt genau auf dem Bauchnabel.

  Farbe: Grün

② Dieser Punkt liegt auf einer gedachten Linie vom Nabel abwärts genau dort, wo der Schambeinknochen beginnt.

  Farbe: Orange

③ Dieser Punkt liegt auf der Körperrückseite genau dem Nabel gegenüber auf der Wirbelsäule.

  Farbe: Violett

④ Dieser Punkt liegt oberhalb des Brustbeins exakt in der Halskuhle.

  Farbe: Gelb

⑤ Dieser Punkt liegt auf der Wirbelsäule, und zwar genau auf der Spitze des siebten Halswirbels. Wenn wir den Kopf nach vorne neigen, ist dieser Wirbel der am meisten hervortretende.

  Farbe: Rot

⑥ Dieser Punkt liegt rückseitig auf dem ersten Halswirbel, in der Kuhle am Ende des

  Schädelknochens.
  Farbe: Blau

Die Bestrahlungsdauer beträgt jeweils 30 Sekunden.

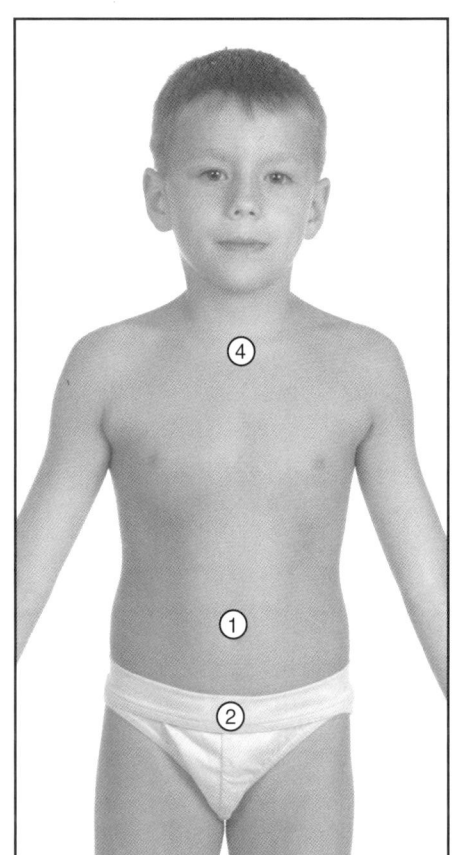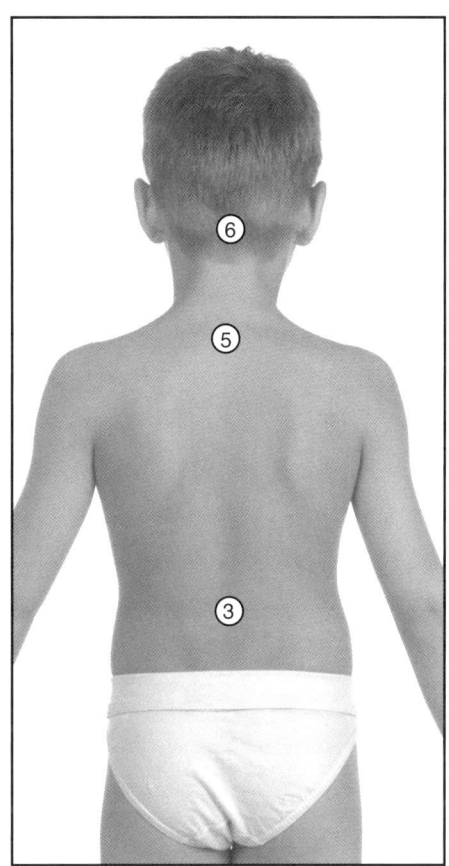

Bild 36 + 37: Steuerung 1 vorne und hinten

Blauer Magenrhombus

Lage der Punkte:

①   Dieser Punkt liegt auf der Spitze des Brustbeins.

③   Dieser Punkt liegt auf dem oberen Rand des Bauchnabels.

②+④ Diese Punkte bilden die Spitzen zweier gleich- schenklinger Dreiecke, die Sie sich ausgehend von den Punkten 1 und 3 als Basispunkte nach rechts und links vorstel- len können.

Alle Punkte werden mit der Farbe Blau bestrahlt, die Be- strahlungsdauer beträgt jeweils 30 Sekunden.

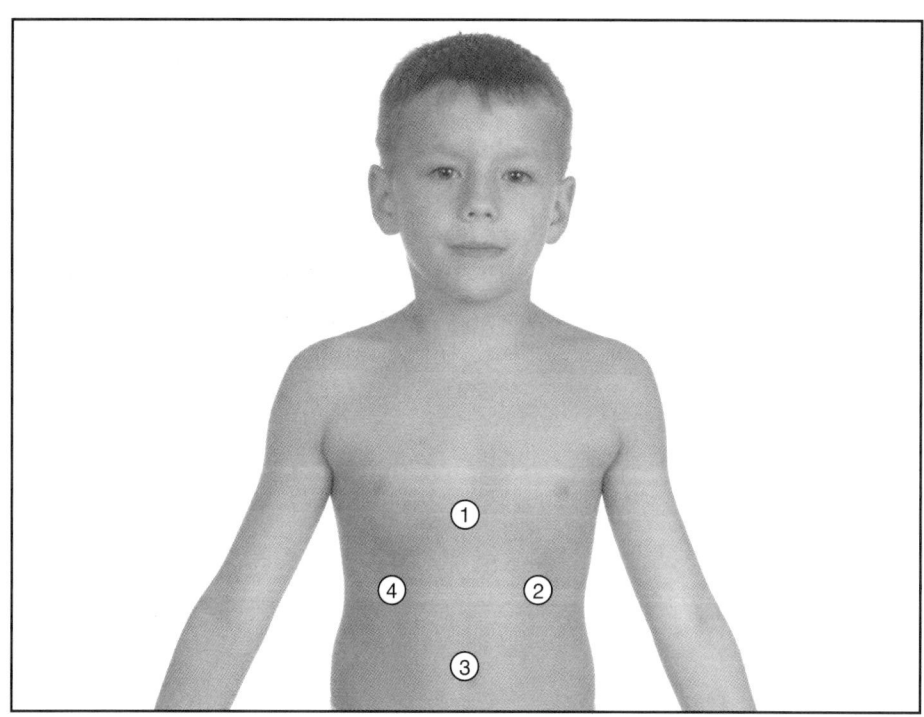

Bild 38: Magenrhombus

Blase 31

Lage der Punkte:

①+② Diese Punkte sind die Basispunkte des sog. Beckendreiecks und entsprechen den Akupunkturpunkten Blase 31.

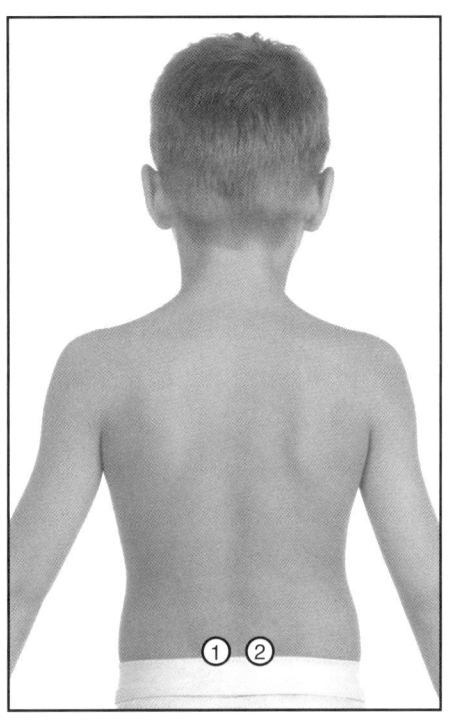

Bild 39: Der Punkt Blase 31

Sie finden sie, wenn Sie vom Beginn der Analfalte drei Querfinger auf der Wirbelsäule nach oben messen und von diesem Punkt aus wieder zwei Querfinger nach links (Punkt 1) bzw. nach rechts (Punkt 2). Hinweis: Bei Kindern liegen diese Punkte meist in kleinen Grübchen.
Farbe: Rot
Dauer: 30 Sekunden

Erläuterungen:

Die echte Migräne, also sehr starke meist einseitige Kopfschmerzen in Kombination mit Übelkeit oder Erbrechen, ist stark verbreitet. Nach den Ergebnissen verschiedener Forschungen leiden 12 – 30% der Bevölkerung an dieser Krankheit. Über Spannungskopfschmerzen klagen etwa 40% der Menschen, einschließlich Kinder.

Im Jahr 1995 haben wir die Ergebnisse einer Untersuchung veröffentlicht, bei der 56 unter

Migräne leidende Patienten mit der Farbpunktur behandelt wurden. Das Durchschnittsalter der Testpersonen war 40 Jahre, sie litten im Durchschnitt seit 14 Jahren unter Schmerzattacken. Mit dieser Untersuchung über »Farbpunktur und Migräne« konnten wir nachweisen, dass 65% der Patienten geheilt wurden! Weiteren 30 % ging es nach der Therapie mit der Farbpunktur deutlich besser.

Diese Untersuchung gibt Aufschluss über zwei außerordentliche Phänomene:

Zum einen, dass an Migräne leidende Menschen primär mit Hilfe der Farbpunktur Steuerung 1 genesen sind.

Zum zweiten, dass die meisten genesenen Patienten lediglich vier oder weniger Behandlungen erhalten hatten. Die Tatsache einer so schnellen Genesung wurde vor allem bei jungen Patientinnen und Patienten festgestellt. Jene Patienten, die eine längere Therapie benötigten, wurden relativ gesehen nicht mehr so häufig von ihren Schmerzen geheilt.

Auch hierzu ein Beispiel: Die Mutter der vierjährigen Sara kam zusammen mit ihrer Tochter in meine Praxis. Das Mädchen litt jeden Tag unter Kopfschmerzen, es hatte einen verschlossenen Charakter und war oft traurig. Nach der ersten Behandlung mit der Farbpunktur ging das Mädchen singend aus der Praxis. Ihre Eltern waren zu Tränen gerührt. Seitdem hatte Sara nie wieder Kopfschmerzen!

Konzentrationsstörungen und Schulprobleme

Die Kombination der Farbtherapien *Steuerung 1, blauer Magenrhombus, Neurasthhenie-Linie* und *Milz-Pankreas 2 und 3* ist die ideale Behandlung bei Konzentrationsstörungen und vielen Schulproblemen.

Steuerung 1

Lage der Punkte:

① Dieser Punkt liegt genau auf dem Bauchnabel.

   Farbe: Grün

② Dieser Punkt liegt auf einer gedachten Linie vom Nabel abwärts genau dort, wo der Schambeinknochen beginnt.

   Farbe: Orange

③ Dieser Punkt liegt auf der Körperrückseite genau dem Nabel gegenüber auf der Wirbelsäule.

Farbe: Violett

④ Dieser Punkt liegt oberhalb des Brustbeins exakt in der Halskuhle.

   Farbe: Gelb

⑤ Dieser Punkt liegt auf der Wirbelsäule, und zwar genau auf der Spitze des siebten Halswirbels. Wenn wir den Kopf nach vorne neigen, ist dieser Wirbel der am meisten hervortretende.

   Farbe: Rot

⑥ Dieser Punkt liegt rückseitig auf dem ersten Halswirbel, in der Kuhle am Ende des Schädelknochens.

   Farbe: Blau

Alle Punkte werden für eine Dauer von jeweils 30 Sekunden bestrahlt.

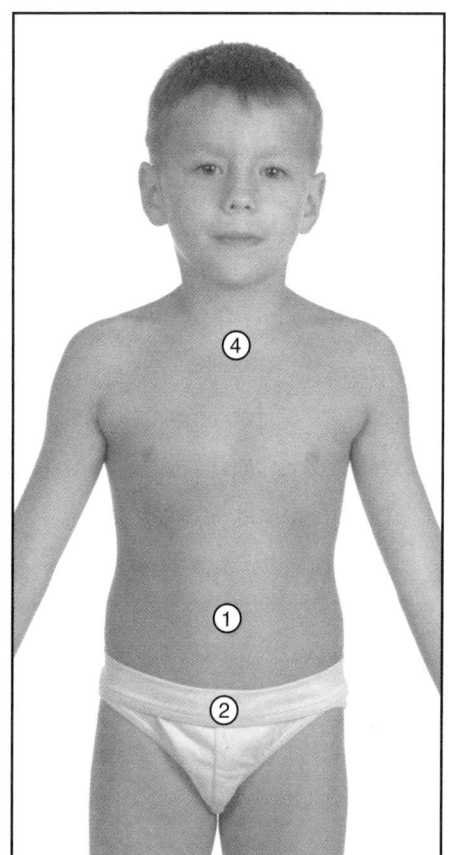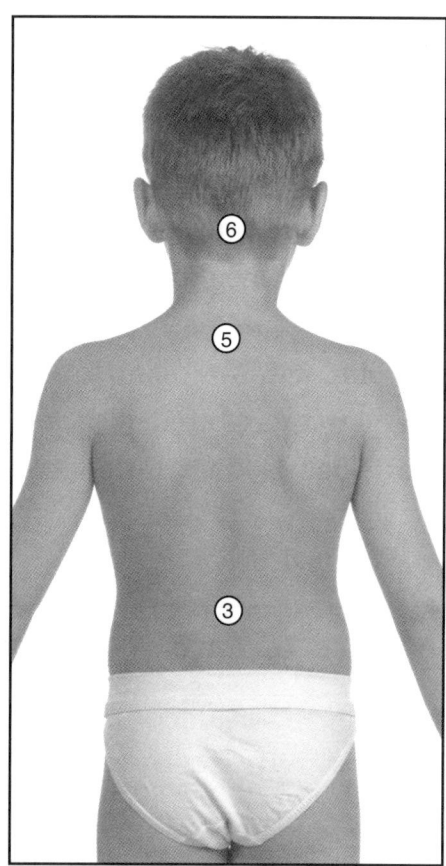

Bild 40 + 41: Steuerung 1 vorne und hinten

Blauer Magenrhombus

Lage der Punkte:

① Dieser Punkt liegt auf der Spitze des Brustbeins.

③ Dieser Punkt liegt auf dem oberen Rand des Bauchnabels.

②+④ Diese Punkte bilden die Spitzen zweier gleich-schenkliger Dreiecke, die Sie sich ausgehend von den Punkten 1 und 3 als Basispunkte nach rechts und links vorstellen können.

Alle Punkte werden mit der Farbe Blau bestrahlt, die Bestrahlungsdauer beträgt jeweils 30 Sekunden.

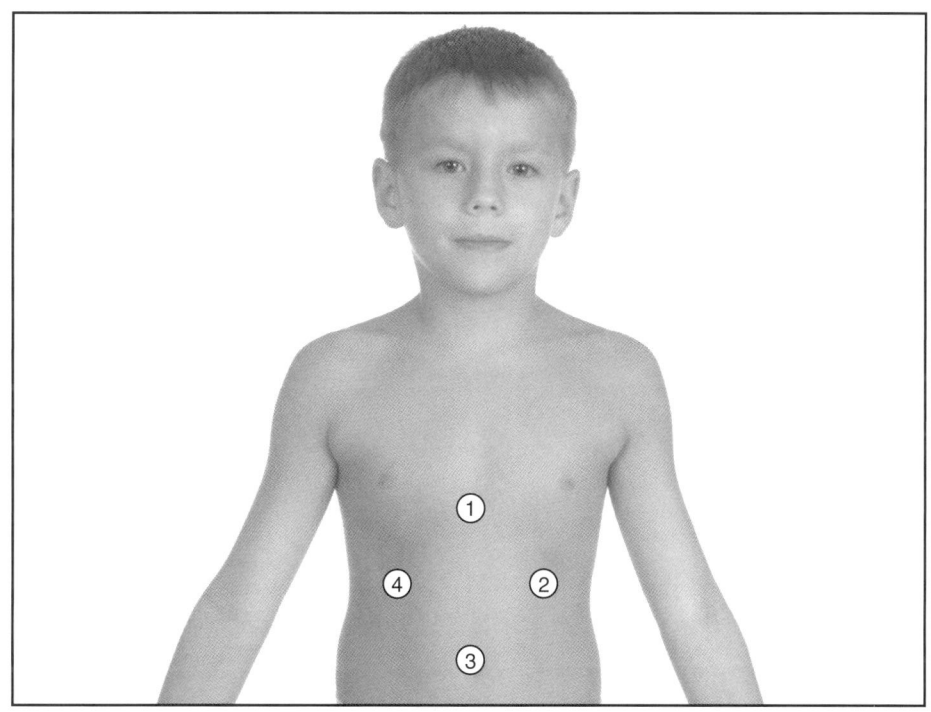

Bild 42: Magenrhombus

Neurasthenie-Linie

Verlauf der Linie:

Die Neurasthenie-Linie verläuft auf der Stirnmitte einen Querfinger über den Augenbrauen von der Mitte des geradeaus blicken-den linken Auges bis zur Mitte des rechten Auges. Man streicht langsam eine Minute lang mit der Farbe Violett von links nach rechts und von rechts nach links.

Farbe: Violett
Dauer: 60 Sekunden

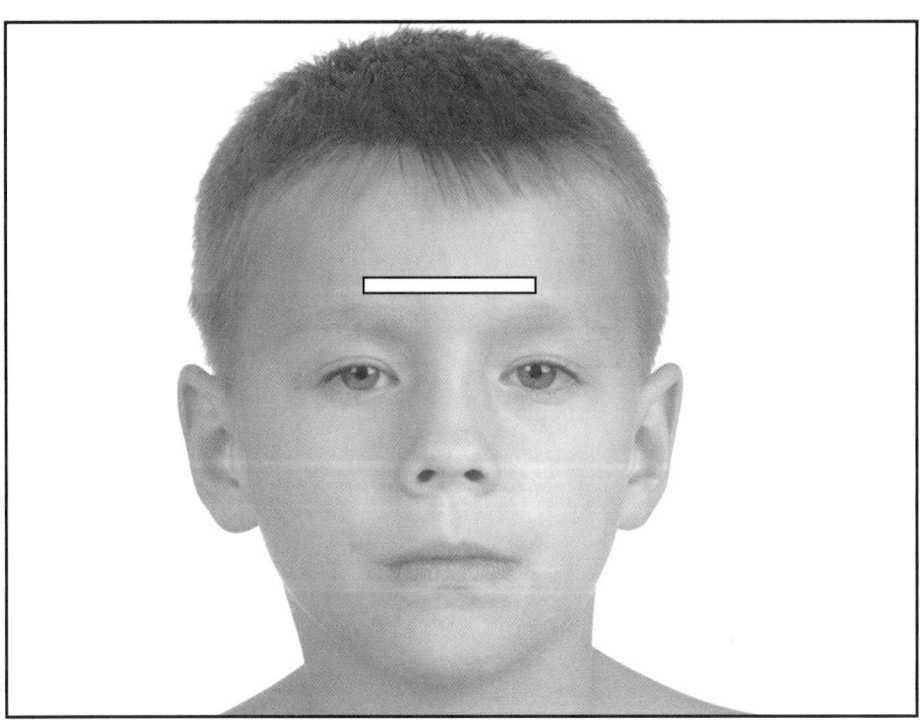

Bild 43: Neurasthenie-Linie

Milz-Pankreas 2 und 3

Lage der Punkte:

① Dieser Punkt liegt auf dem Großzehengrundgelenk.

Er entspricht dem Akupunkturpunkt Milz-Pankreas 2 (MP2).

② Dieser Punkt liegt zwei Querfinger von Punkt 1 in Richtung Sprunggelenk. Er entspricht dem Akupunkturpunkt Milz-Pankreas 3 (MP3).

Beide Punkte werden mit der Farbe Gelb bestrahlt. Die Bestrahlungsdauer beträgt jeweils 30 Sekunden.

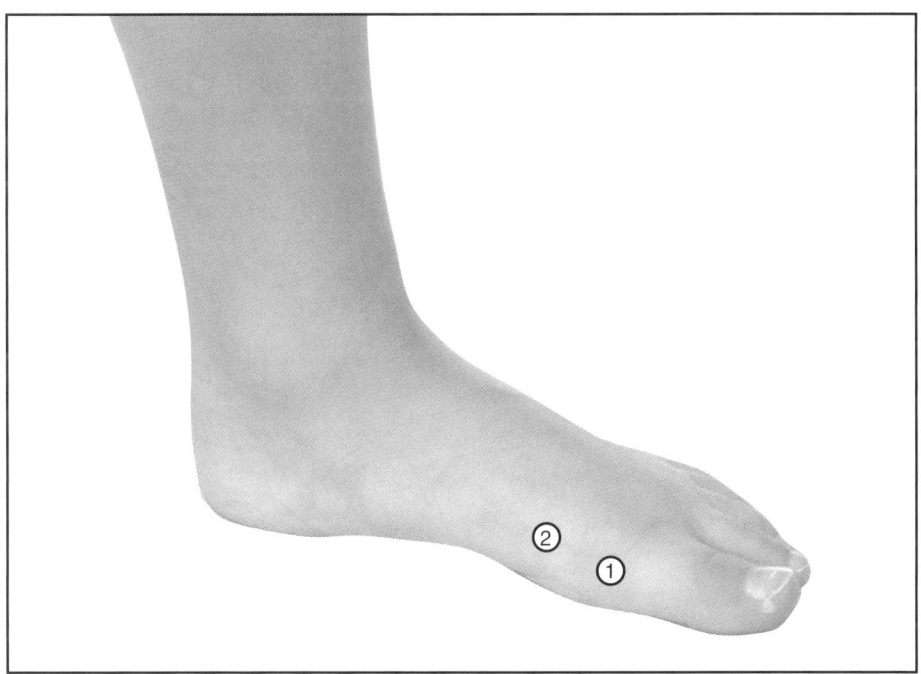

Bild 44: Die Punkte MP 2 und MP 3

Erläuterungen:

Unter Konzentrationsstörungen und Schulproblemen im Alter zwischen 8 und 15 Jahren leiden besonders Jungen. Mit der Farbpunktur bestrahlt man zwei Punkte des sogenannten Milz-Pankreas-Meridians. Die chinesische Medizin bezeichnet den Funktionskreis dieses energetischen Kanals als den Kontakt, den Vergleich mit dem anderen Menschen, die Integration, die Assimilation. Diese Funktionen, auf die psychische Ebene projiziert, sind analog zum Denken, Kennen und Bewerten. Man kann also sehr gut verstehen, dass die Behandlung dieses Meridians zu einer Besserung der Konzentration führen kann. Die Erfolge stellen sich oft spontan und außerordentlich positiv ein.

Wenn Sie jetzt bemerken, dass die Ergebnisse der Farbpunktur wirklich unglaublich sind, dann muss ich Ihnen recht geben. Aber erst der Versuch und die praktische Erfahrung mit dieser Therapie geben uns die Sicherheit, dass sie wirklich funktioniert, auch wenn wir immer wieder aufs neue darüber erstaunt sind, dass etwas so Einfaches wirken kann. Nicht selten bemerken selbst die Lehrer, die nichts von der Farb-Therapie ihrer Schüler wissen, gravierende positive Veränderungen.

Eines Tages kam die Mutter eines meiner kleinen Patienten zu mir und umarmte mich unter Tränen. Ihr siebenjäriger Sohn, Gianni, der gerade die Behandlung mit der Farbpunktur beendet hatte, war schon jetzt in der Schule viel besser geworden. Sie erzählte mir dann, dass sich nicht nur der Klassenlehrer sehr positiv über diese Veränderung geäußert hatte, sondern dass Gianni sich auch nach vielen Jahren erstmals von der Mutter umarmen und liebkosen ließ. Nicht umsonst also werden diese Akupunkturpunkte von der klassischen Akupunktur als Hilfe für ein besseres Verhältnis zwischen Eltern und Kindern angesehen!

Bettnässen, Einkoten und Verstopfungsprobleme

Die Kombination der Farbtherapien *Steuerung 1, aggressive Zonen* und die Behandlung der *Punkte des Loslassens* hat sich in der Praxis vor allem bei folgenden Beschwerden und Krankheitsbildern bewährt:

● Bettnässen
● Einkoten
● Verstopfungsstörungen

Diese Kombinationsbehandlung sollte täglich durchgeführt werden.

Steuerung 1

Lage der Punkte

① Dieser Punkt liegt genau auf dem Bauchnabel.
Farbe: Grün

② Dieser Punkt liegt auf einer gedachten Linie vom Nabel abwärts genau dort, wo der Schambeinknochen beginnt.
Farbe: Orange

③ Dieser Punkt liegt auf der Körperrückseite genau dem Nabel gegenüber auf der Wirbelsäule.
Farbe: Violett

④ Dieser Punkt liegt oberhalb des Brustbeins exakt in der Halskuhle.
Farbe: Gelb

⑤ Er liegt auf der Wirbelsäule, und zwar genau auf der Spitze des siebten Halswirbels. Wenn wir den Kopf nach vorne neigen, ist dieser Wirbel der am meisten hervortretende.
Farbe: Rot

⑥ Dieser Punkt liegt rückseitig auf dem ersten Halswirbel, in der Kuhle am Ende des Schädelknochens.
Farbe: Blau

Bestrahlungsdauer: Je 30 Sekunden

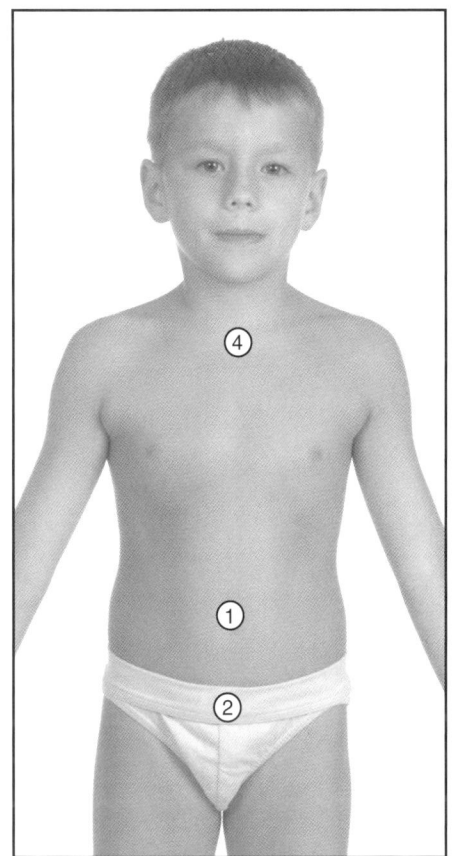 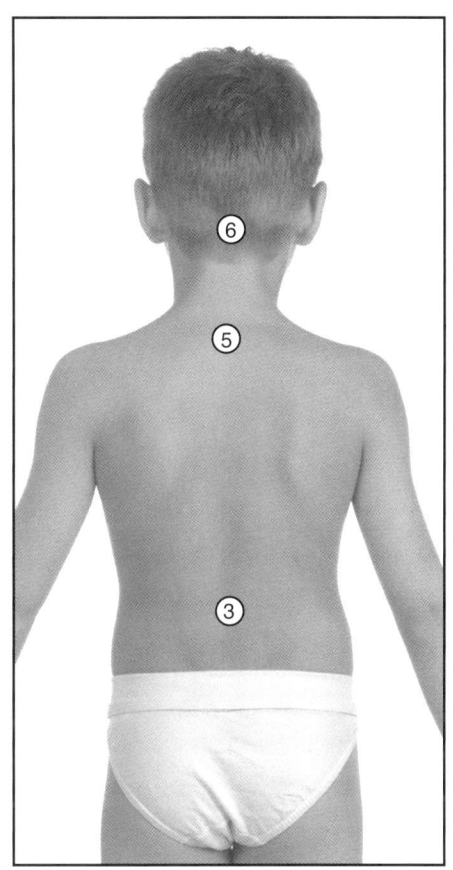

Bild 45 + 46: Steuerung 1 vorne und hinten

Aggressive Zonen

Lage der Punkte:

①–③ Diese Punkte finden Sie um den Bauchnabel herum, zwei Querfinger vom Nabelrand entfernt. Sie liegen auf zwei Diagonalen, die sich im rechten Winkel genau über dem Nabel kreuzen, und zwar rechts oben, rechts unten und links unten. Bestrahlen Sie im Uhrzeigersinn beginnend mit Punkt 1 links unten.
Farbe: Grün
Dauer: 30 Sekunden

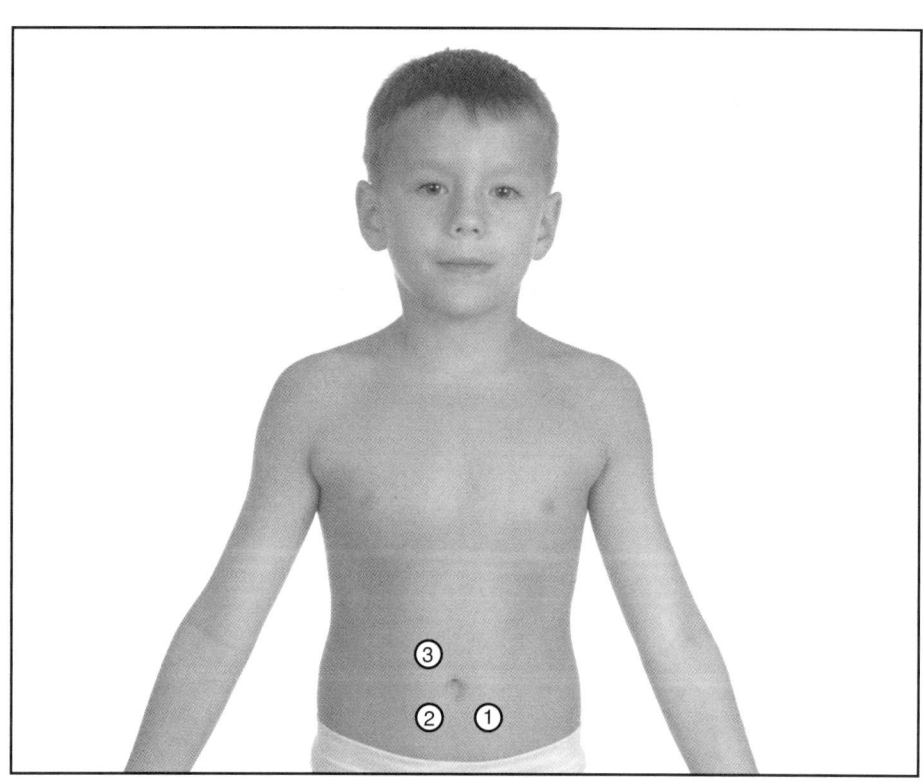

Bild 47: Die aggressiven Zonen

Punkte des Loslassens

Lage der Punkte:

①+② Diese Punkte liegen auf der Beinrückseite, vier

Querfinger oberhalb der Fersen.

Die Farbe der Punkte ist Rot. Die Bestrahlung dauert jeweils 30 Sekunden.

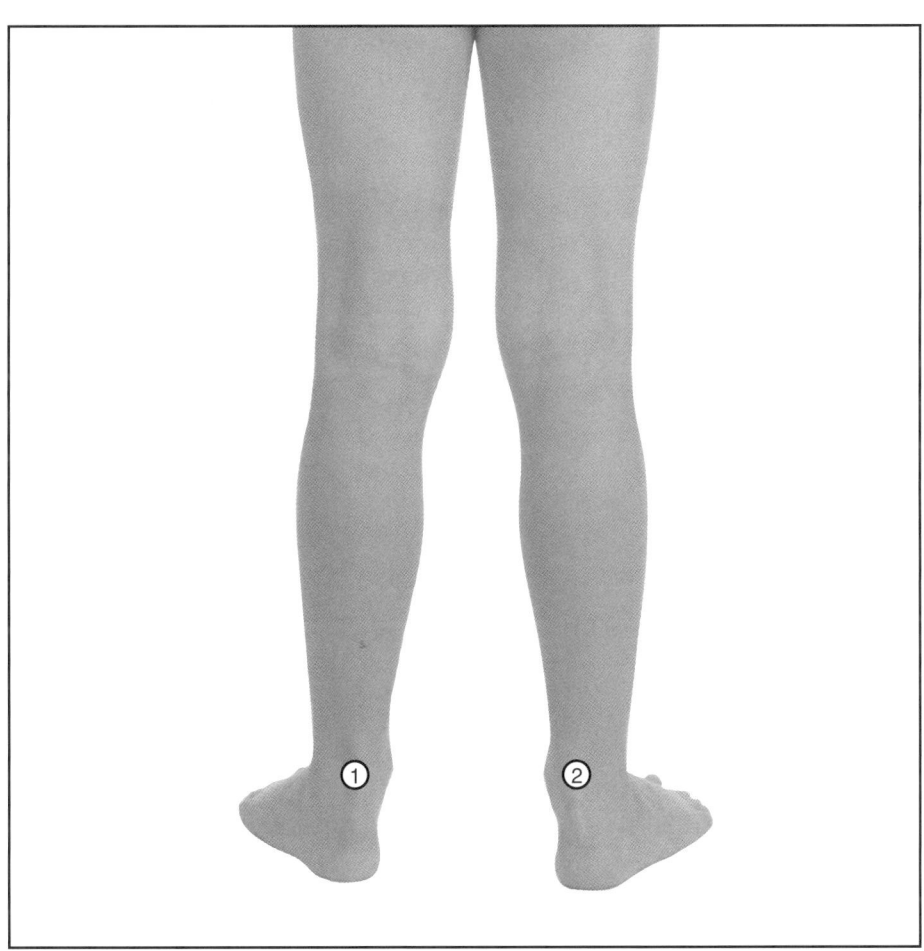

Bild 48: Die Punkte des Loslassens

Erläuterungen:

Unter Einkoten versteht man den ungewollten Abgang von Exkrementen; der medizinische Fachausdruck dafür ist *Enkoprese*. Dieses Problem ist im Alter zwischen 4 und 9 Jahren ziemlich häufig und hängt mit einer chronischen Verstopfung zusammen. Hauptsächlich zielt die Therapie also auf eine Lösung dieser Störung, deren Ursache oft in einer wenig abwechslungsreichen Ernährung ohne Obst und Gemüse liegt. Als eine weitere Ursache für Verstopfung gelten ärztlichen Untersuchungen zufolge psychische Belastungen. Francesca, ein fünfjähriges Mädchen, wurde in meine Praxis gebracht, weil sie plötzlich hartleibig und »enkopretisch« wurde, ohne dass sich ihre Essgewohnheiten verändert hätten. Das Mädchen war tagsüber auch nicht in der Lage, den Harn zu halten. Eine plötzliche äußere Veränderung hatte bei Francesca, diese überraschende Störung hervorgerufen. Nach drei Behandlungen mit der Farbpunktur waren ihre Beschwerden, unter denen sie zwei Jahre gelitten hatte, überwunden.

Müdigkeit und Zähneknirschen

Die Kombination der Farbtherapien *Steuerung 1, Neurasthenie-Linie* und der sogenannten *Eisbrecher-Therapie* hilft besonders bei emotional bedingter Müdigkeit und dem nächtlichen Zähneknirschen.

Steuerung 1

Lage der Punkte:

① Dieser Punkt liegt genau auf dem Bauchnabel.
Farbe: Grün

② Dieser Punkt liegt auf einer gedachten Linie vom Nabel abwärts genau dort, wo der Schambeinknochen beginnt.
Farbe: Orange

③ Dieser Punkt liegt auf der Körperrückseite genau dem Nabel gegenüber auf der Wirbelsäule.
Farbe: Violett

④ Dieser Punkt liegt oberhalb des Brustbeins exakt in der Halskuhle.
Farbe: Gelb

⑤ Er liegt auf der Wirbelsäule, und zwar genau auf der Spitze des siebten Halswirbels. Wenn wir den Kopf nach vorne neigen, ist dieser Wirbel der am meisten hervortretende.
Farbe: Rot

⑥ Dieser Punkt liegt rückseitig auf dem ersten Halswirbel, in der Kuhle am Ende des Schädelknochens.
Farbe: Blau

Die Bestrahlungsdauer beträgt für jeden Punkt 30 Sekunden.

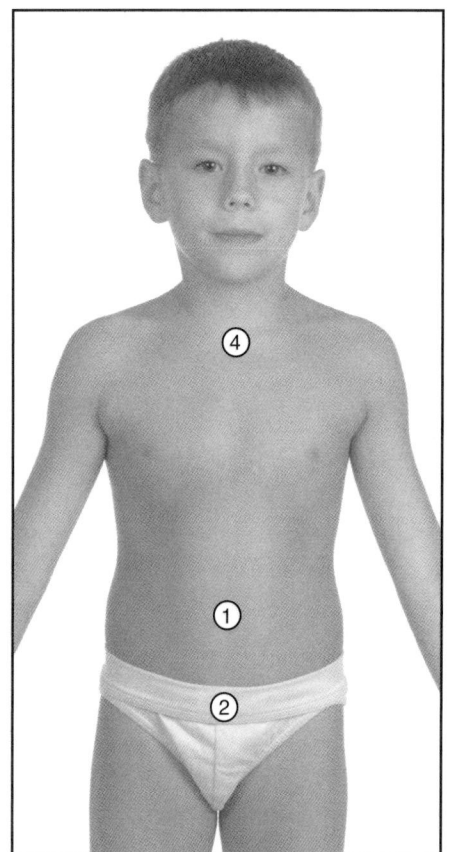 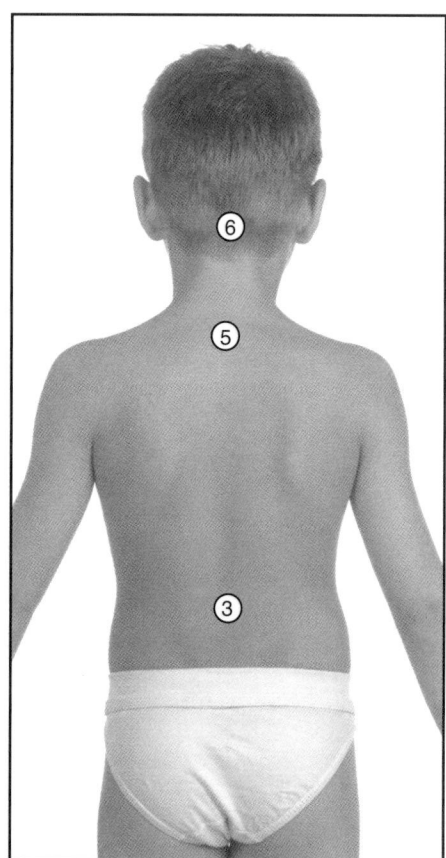

Bild 49 + 50: Steuerung 1 vorne und hinten

Neurasthenie-Linie

Verlauf der Linie:

Die Neurasthenie-Linie verläuft auf der Stirnmitte einen Querfinger über den Augenbrauen von der Mitte des geradeaus blickenden linken Auges bis zur Mitte des rechten Auges. Man streicht langsam eine Minute lang mit der Farbe Violett von links nach rechts und von rechts nach links.

Farbe: Violett

Dauer: 60 Sekunden

Diese Behandlung sollte täglich durchgeführt werden. Sie ist angezeigt bei morgendlicher Müdigkeit als auch bei nächtlichem Zähneknirschen.

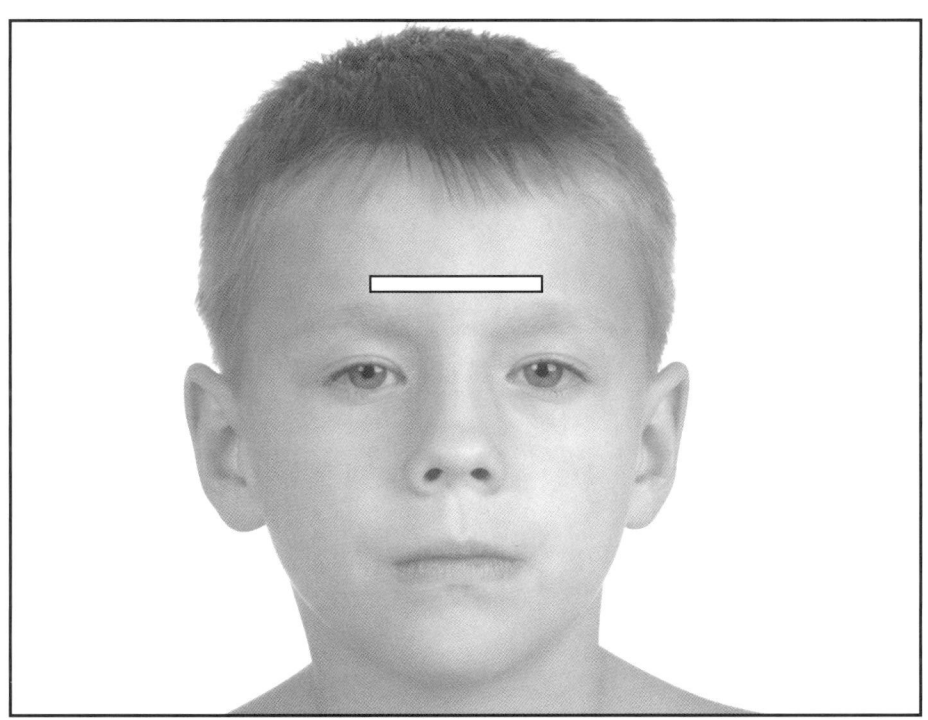

Bild 51: Neurasthenielinie

Eisbrecher-Therapie

Die beiden Linien der Eisbrecher-Therapie ergeben zusammen das Oberschenkel-
kreuz. Das Bestreichen dieses
Beinkreuzes mit der Farbe Türkis bewirkt eine tiefe innere Entspannung, die sich auch auf den
Kiefer auswirkt. Mandel nennt
diese Therapie »Eisbrecher«, da
sie die Panzer, die wir um uns
herum aufgebaut haben, auf-
bricht. Diese Panzer behindern
unsere Sensibilität, das heißt, sie
hindern uns daran, unsere Gefühle auszudrücken.

Verlauf der Linie 1:

Die vertikale Linie der
Eisbrecher-Therapie verläuft
von der Mitte des oberen Knie-
scheibenrandes senkrecht nach
oben bis zur Mitte der
Leiste.

Farbe: Türkis

Verlauf der Linie 2:

Die horizentale Linie der
Eisbrecher-Therapie kreuzt die
vertikale genau in der Mitte. Sie
reicht links und rechts bis zur
»Hosennaht«. Streichen Sie
diese Linie mit der Farbe Türkis
langsam eine Minute lang hin
und her.

Farbe: Türkis

Die Bestrahlung dauert jeweils
60 Sekunden.

Die Behandlung wird jeweils
abends vor dem Schlafengehen
durchgeführt.

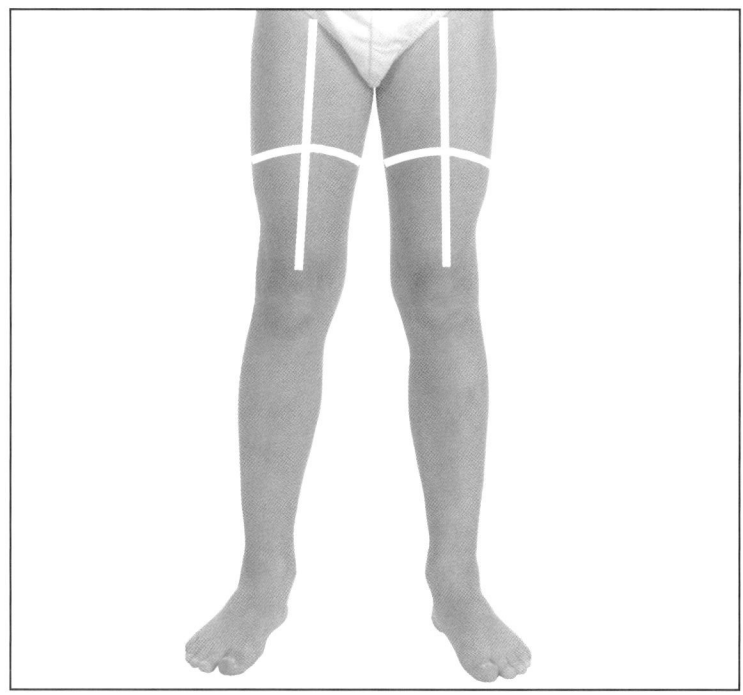

Bild 52: Der »Eisbrecher«

Erläuterungen:

Müdigkeit bei Kindern steht nur selten in Verbindung mit medizinischen Problemen, die auf jeden Fall durch eine genaue Untersuchung ausgeschlossen werden müssen. Meistens hat die Müdigkeit emotionale Gründe. Zähnefletschen oder Zähneknirschen sind Symptom eines enormen inneren Spannungszustandes – sowohl bei Kindern als auch bei Erwachsenen. Körperlich kann das Zähneknirschen schwerwiegende Folgen haben: Die Zähne können sich missbilden und dadurch schwere, nicht nur kompensatorische Störungen in Bezug auf das Kauen verursachen.

Das Kind, das schlecht oder gar nicht isst

Die Kombination der Farbtherapien *Steuerung 1* und der *Niere 1* hilft besonders bei schlecht essenden Kindern oder Kindern, die ihr Essen verweigern.

Die Behandlung sollte regelmäßig alle zwei Tage durchgeführt werden.

Steuerung 1

Lage der Punkte:

① Dieser Punkt liegt genau auf dem Bauchnabel.
Farbe: Grün

② Dieser Punkt liegt auf einer gedachten Linie vom Nabel abwärts genau dort, wo der Schambeinknochen beginnt.
Farbe: Orange

③ Dieser Punkt liegt auf der Körperrückseite genau dem Nabel gegenüber auf der Wirbelsäule.
Farbe: Violett

④ Dieser Punkt liegt oberhalb des Brustbeins exakt in der Halskuhle.
Farbe: Gelb

⑤ Er liegt auf der Wirbelsäule, und zwar genau auf der Spitze des siebten Halswirbels. Wenn wir den Kopf nach vorne neigen, ist dieser Wirbel der am meisten hervortretende.
Farbe: Rot

⑥ Dieser Punkt liegt rückseitig auf dem ersten Halswirbel, in der Kuhle am Ende des Schädelknochens.
Farbe: Blau

Alle Punkte werden jeweils 30 Sekunden lang mit der jeweiligen Farbe bestrahlt.

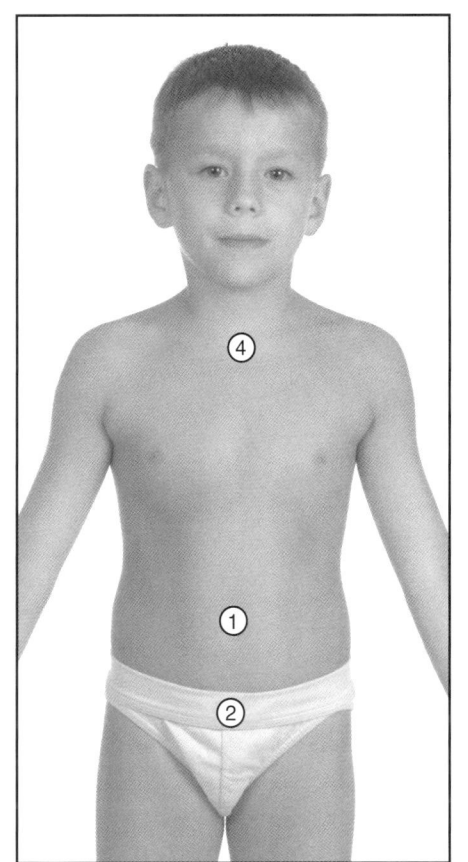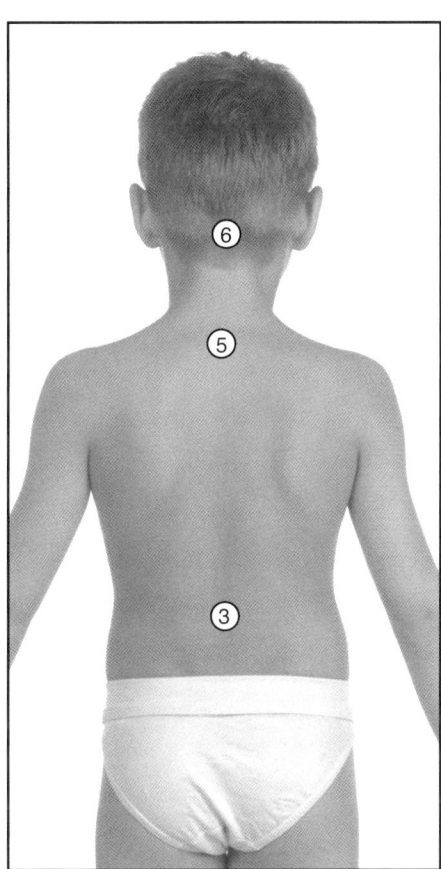

Bild 53 + 54: Steuerung 1 vorne und hinten

Niere 1

Lage der Punkte:

Die Punkte von Niere 1 liegen auf der Mittellinie (Median) der Fußsohle genau dort, wo beim

Biegen des Vorderfußes eine Beuge entsteht. Sie entsprechen dem linken und rechten Akupunkturpunkt Niere 1.

Farbe: Rot
Dauer: 30 Sekunden.

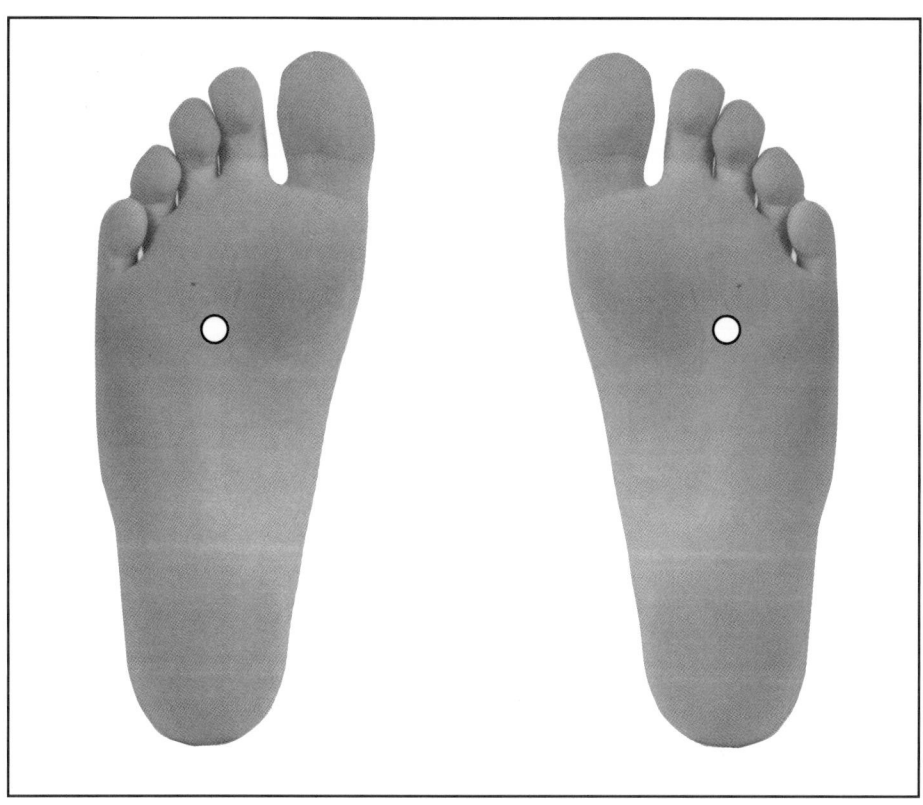

Bild 55: Der Punkt »Niere 1« auf der Fußsohle

Erläuterungen:

Eine Mutter brachte ihren Sohn Elio zu mir, der ein Jahr alt, lustig, drall und sehr lebhaft war. Sie war sehr besorgt, weil das Kind nichts aß. Alle seine körperliche Entwicklung betreffenden Untersuchungen führten zu nichts Ungewöhnlichem. Das Gewicht und die Größe waren sogar über der Norm. Das »Nichts«, das Elio aß, war nur nichts aus der subjektiven Sicht der Mutter. Ihrer Meinung nach hätte Elio viel mehr essen müssen, um gesund zu bleiben. Ihr «Nichts« war für den kleinen Elio immer noch zuviel des Guten! Der Grund: In ihrer eigenen Kindheit gab es zu Hause nie genügend zu essen, und sie hatte oft Hunger gelitten.

Bei der pädiatrischen Konsultation zeigt sich ziemlich häufig und deutlich, dass Mütter ihre Sorgen auf ihre Kinder projizieren. In diesem speziellen Fall erübrigte sich eine Behandlung mit der Farbpunktur. Dagegen war es dringend erforderlich, der Mutter zu helfen, ihre unbegründete Besorgnis zu verstehen. Für sie und den Abbau ihrer Ängste wäre die Farbpunktur äußerst nützlich gewesen.

Es gibt aber auch andere Situationen, in denen Kinder ihr Essen ablehnen, ohne unter irgendeiner Krankheit zu leiden. Dann kann die beschriebene Behandlung mit der Farbpunktur sowohl für das Kind als auch für die Mutter sehr nützlich und heilsam sein.

Vierter Teil

Soforttherapien und die etwas andere Behandlung

Die Soforttherapien

Farben haben verschiedene Wellenlängen, die als differenzierte Botschaften vom Körper und seinen Zellen angenommen werden. Beispiel dafür sind die folgenden drei Schnellbehandlungen, bei denen ein und derselbe Hautpunkt *Dickdarm 4* mit drei verschiedenen Farben bestrahlt wird.

Beginnende Erkältung

Schon bei den allerersten Erkältungssymptomen können Sie den Punkt Dickdarm 4 mit der Farbe Rot bestrahlen, wenn es notwendig sein sollte, auch mehrmals täglich. Es ist sinnvoll, diese Behandlung zusammen mit der Kombinationstherapie bei wiederkehrenden Infektionen anzuwenden. (Siehe Seiten 90 – 99 und Bilder 29 – 35).

Dickdarm 4 – Rot

Lage des Punktes:

Der Punkt Dickdarm 4 liegt auf dem Handrücken, dort wo die Verlängerungen von Zeigefinger und Daumen sich kreuzen. Man bestrahlt zuerst die linke, dann die rechte Hand.
Farbe: Rot
Dauer: 30 Sekunden

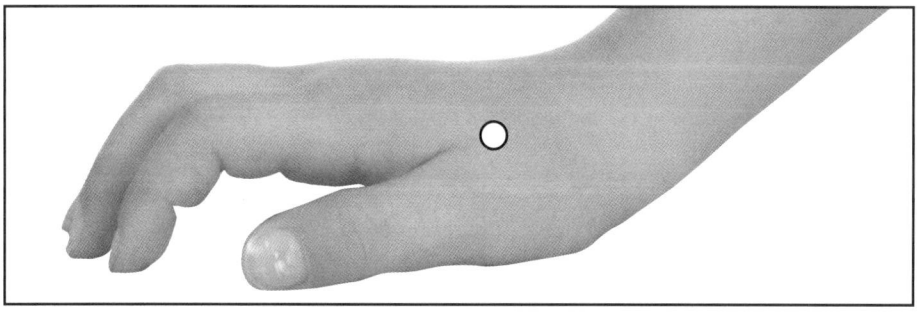

Bild 56: Der Punkt »Dickdarm 4« – Rote Bestrahlung bei Erkältungen

Erläuterungen:

Dies ist eine sehr einfache Behandlung, die auch als Kombinationsbehandlung geeignet ist.

Oscar, ein hübscher dreizehn-
jähriger Junge, kam mich besuchen, weil er seit ein paar Monaten eine sehr lästige Störung
hatte: Jeden Morgen nieste er
hundertmal (!). Keine der bis-
herigen Untersuchungen hatte
zu einem Ergebnis geführt.
Nach einer Behandlung in meiner Praxis verordnete ich ihm
eine Weiterbestrahlung dieser
Handpunkte zu Hause. Innerhalb einer Woche hörte er auf
zu niesen.

Durchfall

Die Komination der Bestrahlung des Punktes *Dickdarm 4 mit der Farbe Gelb* und die *Therapie der aggressiven Zonen* hat sich als schnelle Hilfe bei allen Durchfallerkrankungen bewährt.

Der Punkt Dickdarm 4 liegt auf dem Handrücken, dort wo die Verlängerungen von Zeigefinger und Daumen sich kreuzen. Man bestrahlt zuerst die linke, dann die rechte Hand.

Dickdarm 4 – Gelb

Farbe: Gelb

Lage des Punktes:

Dauer: 30 Sekunden

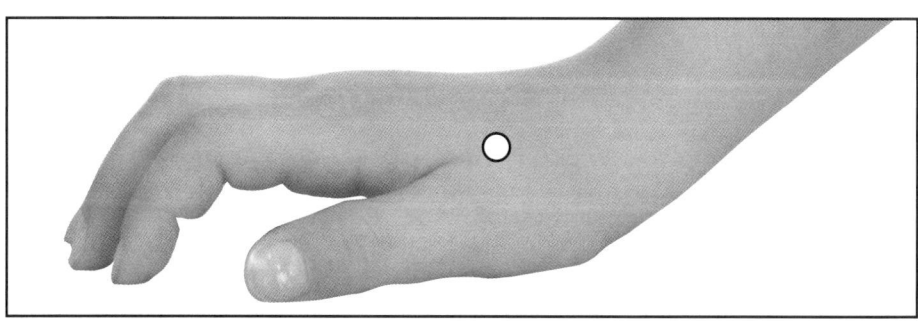

Bild 57: Der Punkt »Dickdarm 4« – Gelbe Bestrahlung bei Durchfall

Aggressive Zonen

Lage der Punkte

① – ③ Diese Punkte finden Sie um den Bauchnabel herum, zwei Querfinger vom Nabelrand entfernt. Sie liegen auf zwei Diagonalen, die sich im rechten Winkel genau über dem Nabel kreuzen, und zwar rechts oben, rechts unten und links unten. Bestrahlen Sie im Uhrzeigersinn beginnend mit Punkt 1 links unten.

Farbe: Grün

Dauer: 30 Sekunden

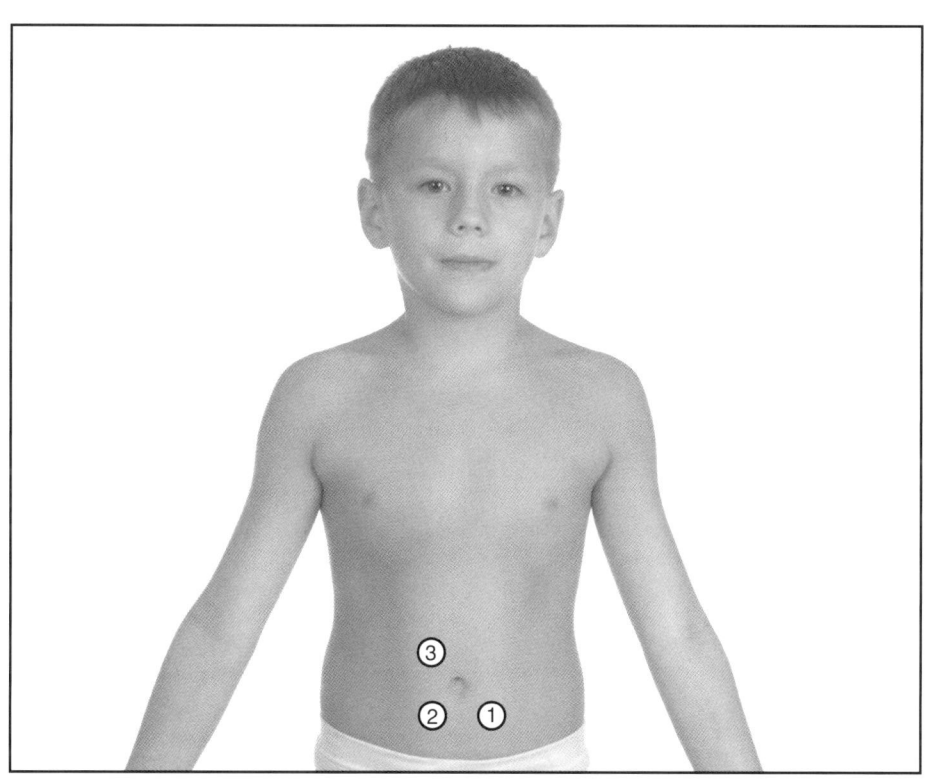

Bild 58: Die aggressiven Zonen

Erläuterungen:

Dies ist eine einfache, schnelle und sehr wirkungsvolle Behandlung, um Durchfall oder Darmstörungen zu bekämpfen. Oft verschwinden die Symptome bereits nach einem Tag.

Fieber

Die Bestrahlung des Punktes *Dickdarm 4* mit der Farbe Blau hat sich als »erste Hilfe« bei Fieberanfällen bewährt.

Dickdarm 4 – Blau

Lage des Punktes:

Der Punkt Dickdarm 4 liegt auf dem Handrücken, dort wo die Verlängerungen von Zeigefinger und Daumen sich kreuzen. Man bestrahlt zuerst die linke, dann die rechte Hand.

Die Bestrahlung erfolgt mit der Farbe Blau. Die Bestrahlungsdauer beträgt auch hier 30 Sekunden.

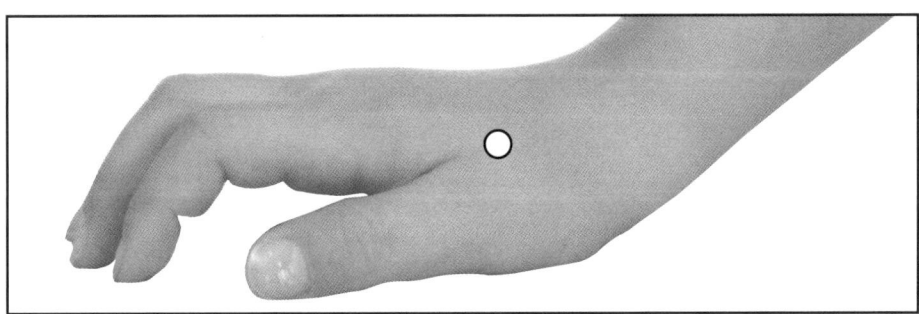

Bild 59: Der Punkt »Dickdarm 4« – Blaue Bestrahlung bei Fieber

Erläuterungen:

Der von Viren befallene Körper verteidigt sich, indem er seine Temperatur beträchtlich erhöht. Auf diese Weise wird das Wachstum der Viren eingeschränkt. Fieber ist demzufolge eine natürliche und physiologische Verteidigungserscheinung des Körpers. Fieber kann aber auch schwere Störungen wie Müdigkeit und Apathie verursachen – Grund genug für die Mütter kranker Kinder, sich große Sorgen zu machen.

Prinzipiell ist es ratsam und wichtig, das fiebrige Kind vom Arzt untersuchen zu lassen, um die Ursachen, auch wenn sie gewöhnlich harmlos sind, feststellen zu lassen. Diese Behandlung Dickdarm 4 mit Blau hilft, Fieber und Müdigkeit beim kranken Kind zu bekämpfen, während man auf die ärztliche Untersuchung wartet.

Die etwas andere Behandlung

Unsicherheiten bei Kindern, Jugendlichen und Eltern

Zum Schluss will ich eine einfache Behandlung beschreiben, die von großem Nutzen ist für alle Mütter (und Väter), die sich im Verhältnis zu ihren Kindern und zu sich selbst verunsichert fühlen. Diese Behandlung eignet sich auch bestens für Jugendliche, die sich in einer unsicheren Lebenssituation befinden. Das ist keineswegs unnatürlich, denn sie durchleben große körperliche und emotionale Veränderungen, die oft schwierig für ihr eigenes Leben und für des Leben der Eltern sind.

In all diesen Fällen benötigt man kein Farblicht, sondern nur eine einminütige tägliche Massage der Zonen, die im folgenden beschreiben werden. Mandel schlägt für diese Massage das »Esogetische Wildkräuteröl[relax]« vor, das aus ätherischen Ölen besteht und die stimulierende Wirkung der beschriebenen Zonen unterstützt.

Die Zone des Geistes

Die Zone des Geistes beeinflusst die Materialisiation des eigenen Programms, des »Lebensrahmens« also, der uns zum Zeitpunkt unserer Entstehung zugeteilt wurde. Die Zone steht in Zusammenhang mit der Hüfte. Die meisten Menschen, die unter Hüftstörungen leiden oder unter einem Hüftbruch gelitten haben, bedauern es sehr, dass sie – aus welchen Gründen auch immer – ihre Lebensträume nie verwirklichen konnten. Diese Aussage geht aus einer Studie hervor, die mit sehr vielen Menschen durchgeführt wurde, die unter solchen Störung leiden.

Die Stimulation der Zone des Geistes lässt oft besondere Träume auftauchen, die gewöhnlich sehr verschieden sind von denen, an die wir uns normalerweise erinnern. Einerseits befreien die auf diese Weise hervorgebrachten Träume einen Teil der vorhandenen »geistigen Toxine«, andererseits helfen sie uns dabei, uns in Verbindung mit den hohen geistigen Informationen unseres Wesens zu setzen.

Lage der Zone:

Die Zone des Geistes liegt auf der Außenseite der linken und rechten Hüfte. Abends vor dem Zubettgehen bürstet man beide Zonen ganz leicht und massiert sie dann kreisförmig mit 3 – 4 Tropfen des »Esogetischen Wildkräuteröls^{relax}« eine Minute lang. Die Zonen haben einen Durchmesser von ungefähr 5 Zentimetern. Das anfängliche Kältegefühl auf der Haut verliert sich nach etwa 10 Minuten.

Die Zone der Intuition

Am darauffolgenden Abend behandelt man die Zone der Intuition. Die Stimulation dieser Zone stärkt die Intuition und die Inspiration des Menschen, damit er sein eigenes Programm leichter umsetzen kann.

Lage der Zone:

Die Zone der Intuition liegt auf der linken und rechten Innenseite des Kniegelenks.

Die Zone der Imagination

Am dritten Abend wird die Zone der Imagination stimuliert.

Was nützt dem Menschen die reine Intuition, wenn er sie nicht visualisieren kann? Durch die Stimulierung der Zone der Imagination wird die Phantasie

und damit die Vorstellungs-
kraft des Menschen angeregt.
Besonders bei Kindern, die das
6. Lebensjahr überschritten
haben, erreicht man mit dieser
Behandlung außerordentlichen
Ergebnisse.

Lage der Zone:

Die Zone der Imagination befin-
det sich auf dem inneren
Fußknöchel (Knochenvorsprung
der Fessel) des linken und des
rechten Fußes. Der Radius dieses Zonenkreises beträgt unge-
f   ä   h   r
3 cm.

Die Zone des Intellekts

Die Zone des Intellekts liegt auf
dem Milz-Pankreas-Meridian.
In der Fachliteratur werden die
auf diesem Meridian liegenden
Punkte als sehr wichtig für die
psychophysische Konstitution
und Entwicklung der Kinder

hervorgehoben.   Schwache
Konzentration und Koordi-
nation, Lernprobleme, schlech-
tes Verhältnis zu Eltern und
Umgebung sind weitere Indi-
kationen für diese Behandlung.
In der Esogetik stellt die Zone
des Intellekts den Endzustand
der Umwandlung des geistigen
Programms über die Intuition
und die Einbildungskraft zum
intellektuellen Verstehen dar.

Lage der Zone:

Ausgangspunkt dieser Zone ist
der Milz-Pankreas Meridian
der chinesischen Akupunktur
am Beginn des rechten und linken großen Zehs.

Man führt die Massage dieser
Zonen insgesamt zweimal
durch, so dass die Behandlung
acht   nacheinanderfolgende
Abende dauert. Nach acht
Tagen Unterbrechung kann

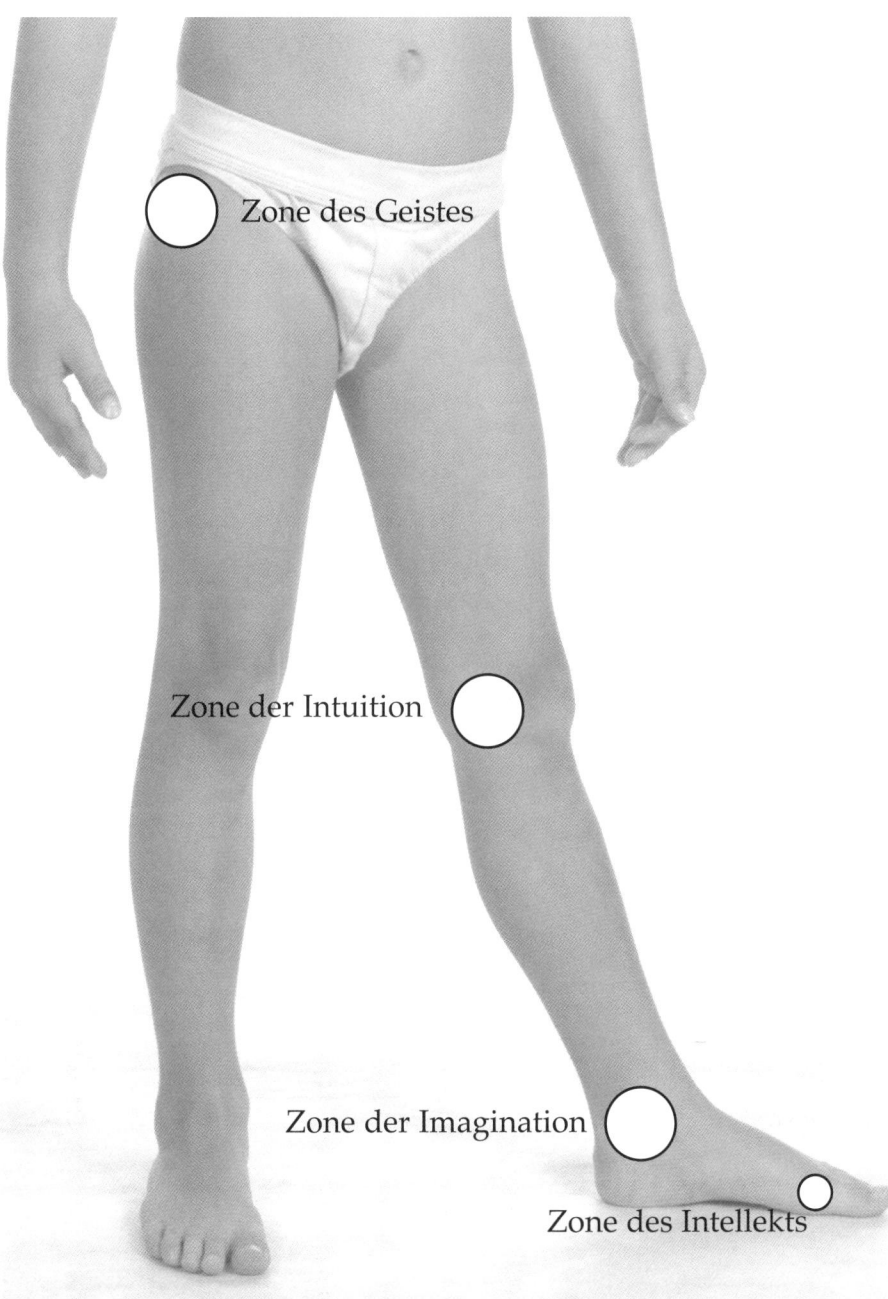

Bild 60: Die Zonen des Geistes, der Intuition, der Imagination und des Intellekts

man die ganze Behandlung noch einmal wiederholen.

Die Zone der Freude

Wenn wir die Reihe der Zonentherapien vervollständigen wollen, darf die Zone der Freude nicht fehlen. Diese Behandlung kann am Morgen von der ganzen Familie gleichzeitig gemacht werden. Schon nach wenigen Anwendungen (von je einer Minute Dauer) vermittelt sie ein angenehmes Gefühl der Freude. Geben Sie zwei Tropfen des »Esogetischen Wildkräuteröls^{relax}« auf die innere Seite des Handgelenks. Legen Sie dann die Innenseiten der beiden Handgelenke leicht aufeinander und massieren Sie eine Minute lang in kreisförmigen Bewegungen.

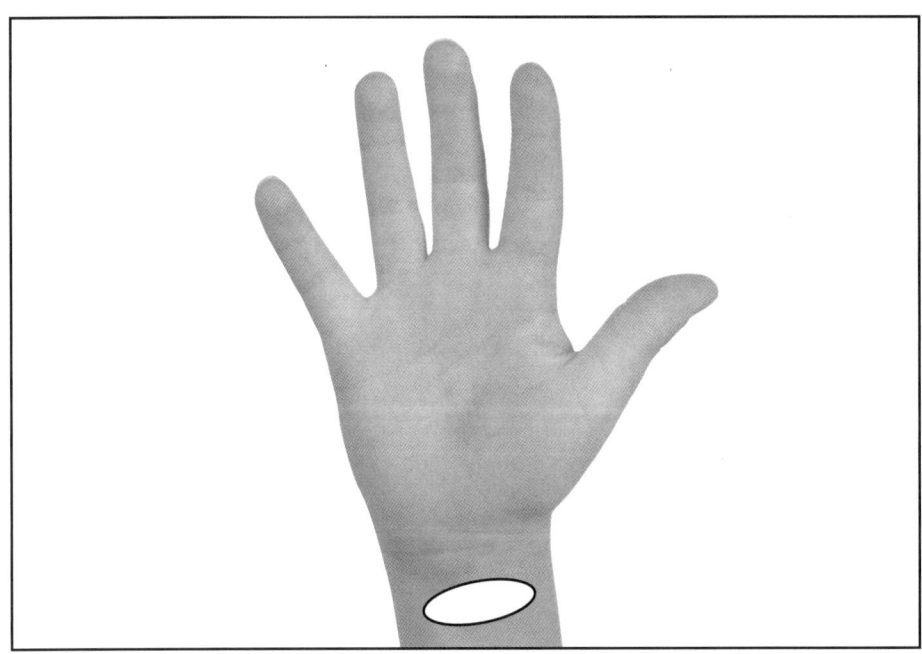

Bild 61: Die Zone der Freude

Zum guten Schluss ...

Es ist nicht immer alles rosarot

Natürlich erhält man nicht immer solche positiven Ergebnisse wie diejenigen, die hier beschrieben worden sind.

Wenn nach drei oder vier Behandlungen nichts auf eine Genesung hinweist, schlage ich vor, zu einer Behandlung, die ein tieferes Bewusstseinsniveau berührt, überzuwechseln. Trotzdem leiden einige Kinder auch weiterhin unter ihren Störungen. In diesen Fällen ist es nützlich, den Eltern die Farbpunktur zu Hause vorzuschlagen.

Ein Kind, das in der Nacht mehrmals aufwacht, löst damit in der Familie große Probleme aus: die Eltern sind müde, verwirrt, und der Schlafmangel lässt sie nervös werden. Diese gestörte Gefühlssituation wirkt sich wiederum auf das Kind aus, das immer öfter wach wird. In diesen Fällen kann es für Eltern und Kind sehr nützlich sein, die Farbpunktur täglich anzuwenden. Trotz allem gibt es immer wieder Kinder die auf die Farbpunktur nicht reagieren.

Doch wie dem auch sei: Diese Therapie hat keine negativen Nebenwirkungen und würde auch nie eine Störung verschlimmern.

Die Esogetische Medizin

»Diese Farbpunktur ist vollkommen ... Die Farben wirken auf den Körper ein, und es entdeckt zu haben ist großartig. Peter Mandel hat eine sehr wichtige Arbeit geleistet ...«

»Diese Punkte sind normalerweise unsichtbar, und mit deiner Arbeit kannst du den Geist, die Emotionen und den Körper, aber kein Wesen ändern. Es ist gut, sich auf diese Weise zu reinigen, weil dann die Meditation sehr einfach wird. Alle diese Probleme hindern an der Meditation.«

(Osho)

Es gibt heutzutage Hunderte von Therapien der Farbpunktur, die zu einem therapeutischen Gesamtbegriff gehören, dem der Esogetischen Medizin. Die Esogetik ist ein Kunstwort von Mandel, in welches die Begriffe Esoterik und Energetik einfließen. Die Eso-

terik ist die Wissenschaft des Inneren und die Energetik die Wissenschaft der Materie. Die Esogetik ist die Vereinigung der esoterischen Weisheit mit den energetischen Prinzipien der Lebensprozesse. Nach Mandels Theorie ist die Esogetik der Versuch, die Lehren der Weisheit des Menschen mit den Entdeckungen der Bioenergetik und der Biophysik zu kombinieren.

Der Mittelpunkt der Esogetik ist der Mensch. Die Esogetik fragt nach, ob Krankheit und Schmerz einen Sinn haben. Sie fasst alle therapeutischen Methoden, die Mandel in den letzten zwanzig Jahren ausgearbeitet hat und die eine ständige Weiterentwicklung erleben, zusammen. Jedes Jahr werden neue Therapien mit sehr starken Wirkungen erarbeitet. Die Einführung der Farben Purpur, Lichtgrün und Rosé hat die

heilende Wirkung der Farbpunktur außerordentlich ge-
steigert.

Die Farbpunktur ist ein ganz
wesentlicher Teil der Esogetischen Medizin. Sie umfasst
Therapien, die sich auf sehr
subtilen Ebenen ausdehnen.
Eine dieser Therapien zum
Beispiel ist die Therapie der
Transmitterrelais, die mit Hilfe
des Farblichts die Traumen
der Kindheit behandelt.
Mandel glaubt, dass solche
Traumen nicht nur ein
Hindernis für unsere innere
Entwicklung sind, sondern
auch die Ursache gegenwär-
tiger Belastungen oder Krankheiten.

Eine andere Methode zur Behandlung von Schmerzen ist
die sogenannte Infrarot-Thera-
pie. Mit ihr erreicht man nicht
selten eine sofortige Auflösung
der Schmerzen.

Eine weitere therapeutische
Variante der Esogetik ist die
Klangtherapie. Durch die Um-
setzung von Farblichtschwin-
gungen in Tonfolgen erhält
man Klangverbindungen mit
therapeutischer Tiefenwir-
kung. Schwingungen übermit-
teln unserem Gehirn und
damit auch dem gesamten
Zellsystem bestimmte, zur
Heilung notwendige Infor-
mationen. Es wurden unter
anderem Klangkassetten für
den psychosomatischen Ausgleich, die Stärkung körperei-
gener Abwehrkräfte und die
tiefe energetische Ausge-
glichenheit produziert.

Die Induktionstherapie bildet
den vierten Teilbereich der Esogetik. Schließen Sie Ihre Augen,
und stellen Sie sich vor,
bequem in einer warmen und
leichten Decke eingehüllt zu
liegen. Eine süße Musik wie die
eines Bergbachs erfüllt den

Raum. Sie sind durch zwei Manschetten mit einem Gerät verbunden, das nicht spürbare Schwingungen auf die Haut überträgt. Diese Frequenzen entsprechen exakt denen, welche unser Gehirn erzeugt, wenn wir völlig entspannt sind: die Alphawellen.

Wenn wir in einem gestressten und sorgenvollen Leben gefangen sind, ist es uns nicht mehr möglich, natürliche, entspannende Alphawellen zu erzeugen. Die Induktionstherapie aktiviert unsere beträchtliche »Entspannungsreserve«, so dass wir wieder fähig sind, uns zu entspannen.

Es gibt verschiedene therapeutische Anwendungen. Eine davon stimuliert unsere natürlichen Lern- und Gedächtnisfähigkeiten. Schüler und Studenten, die sich auf Prüfungen vorbereiten, schätzen diese Therapie besonders. Alle sagen mir, dass sie davon begeistert waren, weil sie die Prüfungen anschließend entspannt und konzentriert absolvieren konnten.

Die Konverterpunkte sind ein weiterer wichtiger Teil der Esogetischen Medizin. Während eines Seminars bat Peter Mandel, einen Seminarteilnehmer, der unter Schmerzen litt, sich von ihm behandeln zu lassen. Ich hatte zu dem Zeitpunkt starke Nackenschmerzen und bot mich natürlich gleich als »Demonstrationsobjekt« an. Peter Mandel bat mich, tief zu atmen und presste mir im selben Moment mit starkem Druck zwei Finger auf zwei Punkte unterhalb des Bauchnabels. Zu meinem Erstaunen und dem der anderen Seminarteilnehmer veschwand mein Schmerz sofort.

Mandel hatte eine seiner genialen Intuitionen gehabt, als er vermutete, dass es auf dem Körper Spiegelpunkte aller leidenden Organe und Segmente gibt. In seinem Modell stellte er sich vor, den Körper in der Mitte, dort wo der Magen ist, »zusammenzufal-

ten«. So erhielt er die Projektion des Halses um den Bauchnabel herum. Der Druck auf die entsprechende Bauchzone sollte von den Nackenschmerzen befreien. Alle anderen 127 Spiegel- oder Konverterpunkte erwiesen sich in meiner tägli-

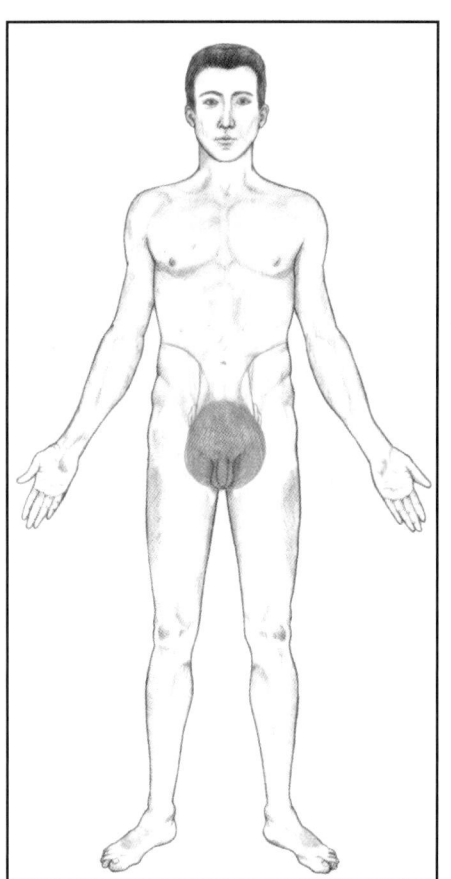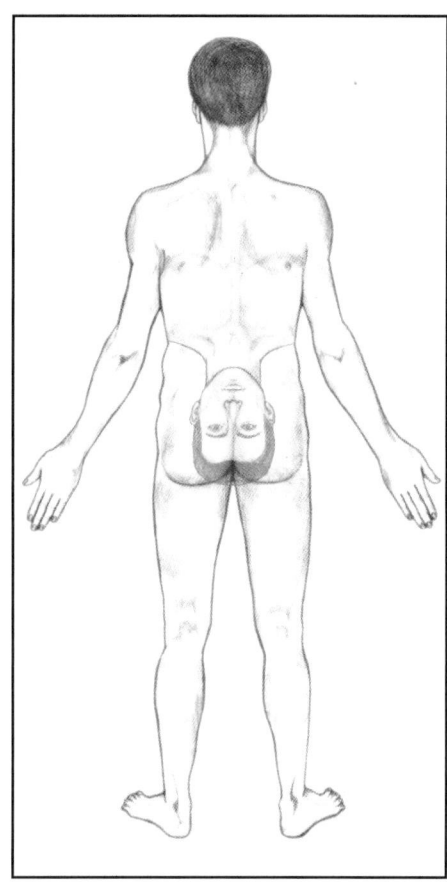

Bild 62 + 63: Der »umgedrehte Mensch«

chen Arbeit ebenfalls als wirkungsvoll.

Wie kommt es zu solchen
Ergebnissen? Nach Mandels
Überzeugung erzeugt der Druck
eine Energie, die einen mit der
Zone des Schmerzes direkt ver-
bundenen Kanal aktiviert und so
den Schmerzzustand beendet.
Dies bestätigt die Theorie, die
behauptet, dass Schmerz und
Krankheit eine Stauung, eine
Blockade des Energieflusses
sind.

Ich erinnere mich an einen
Aufenthalt in Indien im Ashram
von Osho, einem großen geistigen Lehrer. Eine seiner Schü-
lerinnen, die unter sehr starken
und lähmenden Menstruationsschmerzen litt, fragte ihn um
Rat. Ich hörte, dass Osho ihr
empfahl, dann mit allen Kräften
zu tanzen, wenn der Schmerz
am heftigsten war. Die Frau
befolgte seinen Rat. Am Anfang

musste sie sich sehr bemühen,
aber allmählich klang der
Schmerz ab und verschwand
letztlich vollständig. Die
Blockade, die Stauung der
Energie, die den Schmerz verur-
sachte, löste sich mit dem Tanz,
mit der Bewegung.

Mandel hat in seinem Buch
»Esogetik« mit dem Untertitel
»Sinn und Unsinn von Krankheit und Schmerz« die Frage
gestellt, ob es einen Sinn, eine
Erklärung für Krankheit und
Schmerz gibt, oder ob diese
beide Äußerungen des Körpers
zufällig auftreten. Im Verlauf des
Buches führt er aus, dass alles in
unserem Leben eine entsprechende Bedeutung für uns hat.
Wir müssen nur aufmerksam
darauf achten, was uns die
Krankheit signalisieren will.
Eine große Hilfe ist dabei seine
Beschreibung von der Verbindung eines jeden Körperteils mit
einer bestimmten Emotion oder

einem bestimmten Gemütszustand. Die Lendenzone zum Beispiel steht für die Beziehung, die der Mensch zu sich selbst, zu anderen, zur Arbeit usw. hat. Am Bild des umgedrehten Menschen sieht man, dass sich in jener Zone unser Gesicht widerspiegelt. Eben in dieser Zone können wir »das Gesicht verlieren«. Wenn wir Angst haben, vor unserem Partner das Gesicht zu verlieren, dann klagen wir häufig über Kreuzschmerzen.

Ich erinnere mich an einen Vorfall, der sich ereignete, als ich gerade einigen Seminarteilnehmern die Bedeutung dieser speziellen Zone erklärte. Eine junge Frau stellte dazu viele Fragen und erzählte auch, dass sie seit Tagen unter Kreuzschmerzen litt. Wir verabredeten uns für den darauffolgenden Tag zur Behandlung. Sie kam pünktlich mit einem strahlenden Gesicht. Ich fragte sie nach dem Grund, und sie erzählte mir, dass die Schmerzen völlig verschwunden waren, nachdem sie ihrem Freund am Abend nach dem Vortrag endlich gestanden hatte, dass sie ihn – nach etlichen Monaten komplizierter Partnerschaftsprobleme – nicht mehr sehen wolle.

Der häufige Zusammenhang zwischen Rückenschmerzen und Streit in der Beziehung wird besonders von außenstehenden Menschen aus dem Verwandten- und Freundeskreis beobachtet. Wenn aber wir selbst Kreuzschmerzen haben, ist es sehr schwer für uns, die Erklärung anzuerkennen. Doch alle Beispiele zeigen, dass Schmerz und Krankheit einen Sinn haben und es sich lohnt, danach zu suchen, um ein Weiterkommen in unserem Leben zu ermöglichen. Dieser Schritt nach vorne bedeutet auch, jene Stauung, jene Blokkade des Energiestromes, die der Ursprung des Schmerzes und der Krankheit ist, zu lösen. Die Farbpunktur mit ihrem breitgefächerten Spektrum an therapeutischen Möglichkeiten führt oft zu einer fundamentalen Änderung nicht nur körperlicher Art, sondern auch der Emotionen und der Denkweise. Wenn eine Belastung geringer wird oder ein Schmerz nachlässt, bemerkt man bei Kindern eine deutliche Wiederherstellung des emotionalen Gleichgewichts, das auch den Erwachsenen zugute kommt. Kinder werden sanfter und geben im alltäglichen Leben keine »konfliktgeladenen« Antworten mehr.

Ich habe oft den Eindruck, dass Patienten nach der Behandlung die Tür zu einem inneren Raum, der ihnen bis zu diesem Zeitpunkt noch unbekannt war,

öffnen. Sie bemerken ihre Einzigartigkeit und Individualität und fühlen ihre Bereitschaft, jenes Gebiet zu erforschen, das auf den Weg zum Bewusstsein und zur Selbstrespektierung führt. Keine Therapie außer der Meditation kann diese Entwicklung aktivieren. Die Veränderung geschieht oft unbewusst. Ich erinnere mich an eine Frau, die zu mir kam, um ihre starken, lästigen Halswirbelschmerzen mildern zu lassen. Trotz aller ärztlichen Kuren, die sie bisher gemacht hatte, litt sie darunter schon seit vielen Jahren. Auch nach drei Behandlungen mit der Farbpunktur war der Schmerz immer noch da, weswegen ich mit ihr über meine Absicht diskutierte, die Behandlung zu unterbrechen. »Auf keinen Fall«, antwortete sie mir. »In mir hat sich etwas geändert, das mir trotz des Schmerzes ein Wohlgefühl gibt.«

Hinweise zur Anwendung der Farbpunktur

»Weniger ist mehr.«

(Mies van der Rohe)

Die in den vorangegangenen Kapiteln beschriebenen Therapien bilden einen geringen Teil der in der Esogetischen Medizin Mandels beschriebenen Therapiemöglichkeiten. Sie sind aber die Grundtherapien und der Beginn der praktischen Anwendungen.

Während meines Medizinstudiums fragte ich eines Tages meinen Anatomieprofessor, der ein weiser und vielbewunderter Mensch war, wie ich am besten anfangen solle, für die Prüfung in seinem Lehrfach zu lernen. Er antwortete mir:

»Beginnen Sie mit der ersten Seite.«

Diese erste Seite ist die wichtigste für jede Art des Lernens. Die Farbpunktur bildet hierbei keine Ausnahme!

Wenn man nämlich das wenige, das man auf der ersten Seite gelernt hat, mit Beharrlichkeit anwendet, kann man überragende Ergebnisse erzielen und sich dann gut gerüstet der zweiten Seite zuwenden.

Dasselbe passiert auch einem Menschen, der sich zum ersten Mal mit einer Videokamera auseinandersetzen muss. Will man sie nämlich sofort mit dem Zoom gebrauchen, erhält man verworrene Filme minderwertiger Qualität, zum Bedauern der eingeladenen Freunde, die sich dadurch nur noch mehr langweilen.

Innerhalb der ersten zwei Jahre, die ich als praktizierender Arzt tätig war, kannte und wendete ich nur die in diesem Buch beschriebenen Therapien an.

Die therapeutischen Ergebnisse waren so außerordentlich wie in den folgenden Jahren, als ich tiefergehendere Therapien durchführte.

In jenen zwei Jahren »einfacher Therapien« konnte ich erstaunliche und unerwartete Wirkungen der Farbpunktur mitverfolgen. Nicht nur die gesundheitlichen Belastungen der Patienten ließen nach, sondern sie sagten sogar, dass sich ihr tägliches Leben gründlich geändert hatte, weil sie sich nicht mehr allzu intensiv mit den Problemen anderer Leute auseinandersetzten. Sie beschäftigten sich zwar immer mit den Familienangehörigen oder hilfesuchenden Freunden, bewahrten aber immer einen gewissen Abstand und konnten auch »abschalten«.

Folgenden Rat, der mir sehr am Herzen liegt, kann ich grundsätzlich allen Interessierten geben: die Therapien erst an sich selbst und erst dann an Kindern anzuwenden ... einerseits, um mit der Therapie besser vertraut zu sein, andererseits, um die Wirkung der Behandlung selbst direkt zu erleben.

Wie fängt man an?

Mit den ersten Therapien!

Mit welchem Gerät fängt man an?

Mit den von Peter Mandel empfohlenen und im Anhang beschriebenen Geräten.

Die Freude am Schaukeln

»Der alte Teich.
Ein Frosch hüpft.
Platsch …«

(Basho)

Elisa ist ein schönes dreijähriges Mädchen, das von seiner Mutter wegen eines bestimmten Problems in die Sprechstunde gebracht wird: Das Mädchen hat immer Angst gehabt, sich auf eine Schaukel zu setzen. Nach nur einer Behandlung rief mich die Mutter an und erzählte mir dass Elisa den ganzen Tag mit geschlossenen Augen und singend vor Freude geschaukelt hatte.

Das scheint mir der wesentliche Kern dieser außerordentlichen Therapie der Farbpunktur zu sein. Für mich ist dies die beste Medizin, die je gefunden wurde, auch wenn sie nur allen Kindern der Welt die Angst vor dem Schaukeln nehmen würde.

»Ein Kind hat Angst vor dem Schaukeln; am nächsten Tag schaukelt es fröhlich.«

»Der alte Teich.
Ein Frosch hüpft.

Platsch …«

Dank an ...

An dieser Stelle will ich Peter Mandel dafür danken, dass er mir mit seinem Wissen, seinem Vertrauen und seiner Freundschaft zu einem größeren und tiefgehenden Verständnis für Gesundheit und Krankheit verholfen hat.

Außerdem danke ich Loretta, die mir mit Liebe und Intelligenz beigestanden hat, mich angespornt und auch bei der Verwirklichung dieses Projekts begleitet hat. Ohne sie wäre dieses Buch nie veröffentlicht worden; ich hätte auch nie eine freundschaftliche Beziehung mit dem Computer aufnehmen können.

Einen großen Dank an Cristine und Giovanna, die beide mit ihrer Professionalität und ihrer immer guten Laune bei der Behandlung der Kinder mitgearbeitet haben. Dank auch an Massimo, der mit großer Geduld und Freundlichkeit den Text durchgelesen hat, um mir einige Ratschläge zur Formulierung zu geben.

Außerdem bin ich Prapti, Fabiola, Paola, Nayana und Barbara dankbar, die das Manuskript gelesen und mir nützliche Ratschläge zur Verbesserung der Verständlichkeit gegeben haben. Danke auch an Anveshi, der mir mit seine Professionalität und Freundschaft praktische Auskünfte zum Thema Grafik gegeben hat.

Schließlich danke ich allen Eltern und Kindern, die diese Therapie mit Freude erlebten und mir spontan ihr Vertrauen geschenkt haben.

Anmerkung

Alle in diesem Buch beschriebenen klinischen Fälle entsprechen der Wahrheit, auch wenn die Namen und die Umstände in einigen Fällen geändert wurden, um die beteiligten Personen in der Öffentlichkeit zu schützen.

esogetics GmbH
Hildastraße 8
D-76646 Bruchsal
Tel.: +49 / (0)7251 / 8001-0
Fax: +49 / (0)7251 / 8001-55
info-de@esogetics.com
www.esogetics.com

Um mehr darüber zu erfahren

Wenn Sie die Theorie und Praxis der Farbpunktur genauer kennenlernen, Seminare besuchen, ausführliche Auskünfte über die vorhandene Literatur und die notwendigen Geräte bekommen möchten, können Sie sich an eine der folgenden Adresse wenden:

esogetics GmbH
Niederlassung Schweiz
Hirschmattstr. 16
CH-6003 Luzern
Tel.: +41 / (0)41 / 420 58 36
Fax: +41 / (0)41 / 420 59 36
info-ch@esogetics.com
www.esogetics.com

Informationsteil

Index der Symptome

Index der Symptome

Literaturverzeichnis

Capra, Fritjof
Wendezeit. Bausteine für ein neues Weltbild.
Knaur Verlag

Das neue Denken. Ein ganzheitliches Weltbild im Spannungsfeld
zwischen Naturwissenschaft und Mystik.
dtv Sachb. 1992

Chopra, D.
Ayurveda. Gesundheit aus eigener Kraft.
Goldmann Verlag, München 1993

Füss, R.
Die Induktionstherapie.
esogetics, Bruchsal 1994

Füss, R. und Mandel, P.
Farbpunktur bei Wirbelsäulen- und Gelenkerkrankungen.
esogetics, Bruchsal 1993

Gleditsch, J.M.
Reflexzonen und Somatotopien. Schlüssel zu einer Gesamtschau
des Menschen.
Schorndorf 1983, WBV

Leboyer, F.
Cette lumière d'ou vient l'enfant.
Seuil, Paris 1978

Leboyer, F.
Geburt ohne Gewalt.
Kösel Verlag, München 1983

Locke, S. und Colligan, D.
Il guaritore interno.
Giunti Verlag, Florenz 1986

Mandel, P.
Energetische Terminalpunkt-Diagnose.
esogetics, Bruchsal 1983

Praktisches Handbuch der Farbpunktur, Band 1 und 2.
esogetics, Bruchsal 1986 / 1993

Lichtblicke in der ganzheitlichen (Zahn-) Medizin.
esogetics, Bruchsal 1989

Esogetik – Sinn und Unsinn von Krankheit und Schmerz.
esogetics, Bruchsal 1991

Mandel, P. und Pflegler, A.
Farben: die Apotheke des Lichtes, Bd .1
esogetics, Bruchsal 1995

Negroponte, F.
Total digital. Die Welt zwischen 0 und 1 oder: Die Zukunft der Kommunikation.
Aus d. Amerik. v. Fritz, Franca/Koop, Heinrich 1995

Pagnamenta, F.
Insonnia persistente dei bambini nei primi 5 anni di età e terapia con la cromopuntura.
Medicina e Odontoiatria naturale, anno 3, 3, Udine 1992

Emicrania e cromopuntura.
Tribuna Medica Ticinese, 61, 2, 1996

Pierpaoli, W. und Regelson, W.
La fonte della giovinezza
Rizzoli Verlag, Mailand 1995

Popp, F. A.
Neue Horizonte in der Medizin.
Haug Verlag, Heidelberg 1987

Osho, Rajneesh
Dalla medicazione alla meditazione.
RED Verlag, Como 1993

I silenzi dell'acqua che scorre.
NSC Verlag, Arona 1994

Siegel, B. S.
Mit der Seele heilen. Gesundheit durch inneren Dialog.
Aus d. Amerik. v. Franke, Charlotte 1993

Siegel, B. S.
Prognose Hoffnung. Heilerfolge aus der Praxis eines mutigen Arztes.
ETB Econ. Lebenshorizonte 1994

Simonton, O.C. und andere
Wieder gesund werden.
Rowohlt Verlag, 1992

Farben: Die Apotheke des Lichts, Band 1

Peter Mandel / Andreas Pflegler

Die Buchreihe »Farben: die Apotheke des Lichtes« geht einen in der heutigen Zeit fast schon überfällig gewordenen Schritt: Sie wendet sich an die »medizinischen Laien«, an all jene also, die selbstverantwortlich mit ihrer eigenen Gesundheit und der ihrer Familie umgehen wollen.

Der erste Band gibt eine leicht verständliche Einführung in die Hintergründe der Behandlung mit Farben. Dass Farben unsere Psyche beeinflussen, ist inzwischen wohl jedem klar. Warum Farben noch mehr können, erklärt das Buch; es beantwortet Fragen wie »Warum wirken Farben?« oder »Was geht im Körper vor, wenn bestimmte Hautzonen mit Farben stimuliert werden?«

Die beiden Autoren beschäftigen sich mit den häufigsten Alltagsbeschwerden. In Band 1 dieser Buchreihe geben sie sehr ausführliche Behandlungsanweisungen zu den Themen: Magen-Darm-Erkran-kungen, Erkrankungen des Kindes, Immunsystem und immunologische Erkrankungen sowie die Haut und ihre Belastungsmöglichkeiten. Das Buch schließt mit Vorschlägen für Faltenbehandlung und Bindegewebs-straffung.

Die gesamte Buchreihe ist ein Nachschlagewerk, ohne dabei den Leser mit medizinischen Fachausdrücken zu überfordern.

Die Autoren wollen damit natürlich nicht den Gang zum Arzt oder Heilpraktiker ersetzen – sicherlich aber ist die »Apotheke des Lichtes« eine sinnvolle Ergänzung dort, wo es um Vorbeugung, Therapiebegleitung und um die alltäglichen »Wehwehchen« geht.

Farben: Die Apotheke des Lichts, Band 2

Peter Mandel/Andreas Pflegler

Auch im zweiten Band dieser Buchreihe werden wieder weitverbreitete Alltagsbeschwerden und ihre Behandlungsmöglichkeiten vorgestellt.

Das Buch beschäftigt sich mit der Weiterführung der Themen aus dem Band 1 und gibt spefizische Anleitungen. Darüber hinaus haben Sie die Möglichkeit, einen tieferen Einblick in die Hintergründe der verschiedenen Krankheitsbilder zu bekommen. Das kann dazu führen, dass Sie auf viele Fragen (wie zum Beispiel die Frage nach dem »Warum« von Belastungen oder krankhaften Veränderungen von Körper und Psyche) selbst die für Sie richtige Antwort finden können. Das ist der erste Schritt zur Krankheitsvermeidung!

Weitere Schwerpunktthemen sind Störungen des vegetativen Gleichgewichts (Angst, Unruhe, Depressionen), Migräne und Kopfschmerzen, Herz-Kreislaufbeschwerden sowie Erkrankungen des Bewegungsapparates und der Wirbelsäule.

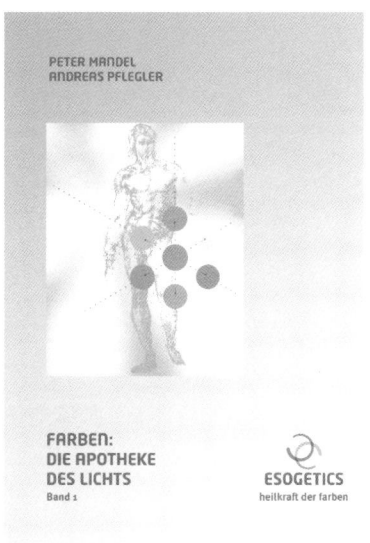

Esogetik
Sinn und Unsinn von Krankheit
und Schmerz

Peter Mandel

Jeder von uns – ob Therapeut oder Laie – ist in der Lage, den Sinn einer Krankheit zu erfassen und Einsicht zu gewinnen in das, was uns krank macht.

Hinter Sinn und Unsinn von Krankheit und Schmerz zu blicken bedeutet Selbsterfahrung und Selbsterkenntnis. Lange bevor man Krankheit als solche erkennt, hat sie bereits begonnen. Das zu erkennen und diese Krankheit zu meistern oder sogar zu verhindern, ist eine wichtige Aufgabe innerhalb der Esogetik. Krankheit ist das Gehen eines falschen Weges, der oft nur deshalb beschritten wird, weil der »richtige« nicht als »richtig« identifiziert wird. Der einzig richtige Weg zur Gesundheit aber ist der eigene – und ihn gilt es zu erkennen!

Einsicht bedeutet, hineinzusehen in das eigene vergangene Leben. Eine wesentliche Erkenntnis besteht darin, dass Vergangenes, wenn es von uns reflektiert wurde, Einsicht gibt in Fehlverhalten und hilft, richtige Schlussfolgerungen zu ziehen. Die so gewonnenen Erfahrungen helfen uns, unseren »Lebensweg«, die Spanne zwischen Geburt und physischem Tod, neu zu überdenken und uns – vielleicht – neu zu orientieren.

Die Kombination von Therapie, Bewusstmachung von Selbstverantwortlichkeit und Bereitschaft zur Veränderung ist die absolut zuverlässigste und auf Dauer wirksamste Voraussetzung für die Bekämpfung von Krankheit und Schmerz. Und unter eben diesem Aspekt wird der Wunsch nach einem ausgeglichenen, gesunden Leben für jeden von uns erfüllbar.

Das Buch versucht, den Sinn von Krankheit zu vermitteln. Es fordert auf, Einsicht zu nehmen in das, was den Menschen krank macht.

**Ein Buch zum Nachdenken,
zum Überdenken,
zum Neuorientieren!**

Peter Mandel
Sinn und Unsinn esogetics
von Krankheit und Schmerz

Perlux© PF-450 Kombi-Set

für die Flächen- und Punktbestrahlung

Die Eigenschaften des Perlux©-Combi-Gerätes sind speziell auf die Ansprüche der Esogetischen Farbtherapie abgestimmt. Auswechselbare Aufsätze, die exakt den spezifischen Therapiefarben der Esogetik entsprechen, machen die Farbbehandlung – sei es zur Prophylaxe oder als begleitende Behandlung – effektiv und einfach. Egal ob Punkt- oder Flächenbestrahlung – Sie haben immer das richtige Therapiegerät zur Hand, unterwegs, in der Praxis oder zu Hause.

Das Perlux© P+F Combi 450 DeLuxe ist alles in einem: Flächen- und Punktbestrahlungs-Set. Es besteht aus zwei Therapieleuchtstiften, dem »P117« für die Farbpunktur und dem »F333« für die Flächenbehandlung. Es verfügt über 7 Farbglasstäbe, jeder einzelne mit einem speziellen Pyramidenschliff an der Spitze, der die Lichtquellen zu einem besonders wirkungsvollen Lichtstrahl bündelt. Außerdem gehören zum Set 7 Farblinsen, ein Punktsuchstift und eine Spezialersatzbirne, eine Bedienungsanleitung und eine Therapiebroschüre.

Natürlich wurde dieses Gerät nach den neuesten Erkenntnissen der Farbpunktur nach Peter Mandel konzipiert und entwickelt.

Auch wenn Sie den Flächenstift Perlux© F333 bereits haben: Bestellen Sie einfach den Leuchtstift Perlux© P117 und die 7 Glasstäbe dazu – und schon haben Sie einen Punktleuchtstift mit dem speziellen Pyramiden-Lichtstrahl und damit die perfekte Ausstattung für Farbpunktur und Farbflächentherapie in einem.

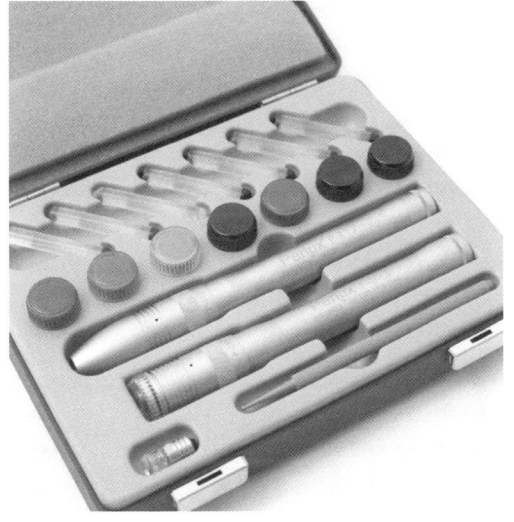

Farbklang-Therapie:

Die Seele hört mit...

Das Ohr als »Tor zur Seele« lässt sich nie ganz schließen und lässt sogar im Tiefschlaf »Gewolltes« und »Ungewolltes« sozusagen unzensiert eindringen. Das alles müssen wir kompensieren. Für unsere Psyche heißt das: verarbeiten!

Schon in der frühen Menschheitsgeschichte kannte man zwei Therapien, mit deren gezieltem Einsatz Psyche und Körper beeinflusst wurden: die des Lichts und die des Klangs.

Damals wie heute gilt jedoch: Falsche Musik ist wie falsche Medizin! Denn Harmonien und Rhythmen wirken direkt über das Ohr auf das Gehirn und so auf das Unterbewusstsein. So ist erwiesen, dass ruhige Klangfolgen den Herzschlag senken, den Blutdruck und die Hauttemperatur reduzieren. Mozart ist gut gegen Magenbeschwerden und die Brandenburgischen Konzerte sind besser als jedes Schlaflied!

Die Gesamtheit der Erfahrungen mit Klangwirkungen ist in die Farbklang-Therapien eingeflossen. Umfangreiche Studien haben ergeben, dass Tonfrequenzen in bestimmter Zuordnung vom Gehirn als Information behandelt werden. Das Gehirn schließlich entschlüsselt diese Informationen und leitet sie an die Steuerungssysteme weiter.

Mit anderen Worten: Mit den »richtigen« Informationen versorgt, kann das Gehirn Fehlfunktionen entdecken und beheben!

Mit den Farbklang-Therapien haben die beiden Musikforscher Ludovika Helm und Kay Korten einen Weg gefunden, bestimmte Farben aus der Farbpunktur nach Peter Mandel mit Hilfe einer speziellen mathematischen Formel in Tonfrequenzen umzuwandeln. Die klangliche Entsprechung einer bestimmten Therapiefarbe setzt sich jedoch aus mehreren – unterschiedlich stark ausgeprägten – Tönen zusammen.

Die gezielt eingesetzten Klangkombinationen können helfen, Probleme besser aufzuarbeiten, und zwar ohne ständiges Bemühen, alles über unseren Verstand bewältigen zu wollen.

Dabei hören sie sich so angenehm an wie Entspannungs- oder Meditations-Cassetten / CDs. Ein Wohlklang für das Ohr – eine Wohltat für die Seele...

Folgende Farbklang-Therapien sind erhältlich:

Psychosomatischer Ausgleich

Die permanenten Belastungen des Alltags bringen uns aus dem Gleichgewicht und führen nicht selten zu massiven körperlichen und / oder psychischen Störungen. Die CD bewährt sich seit vielen Jahren besonders bei großen Anforderungen, in Konfliktsituationen und bei starken Reizüberflutungen.

Aufbau körpereigener Abwehr

Luftverschmutzung, Sauerstoffmangel, Viren und Bakterien, falsche Ernährung, Lärm und vor allem auch Stress sind Gründe, warum unser Immunsystem oft über das normale Maß hinaus gefordert ist. Die Cassette unterstützt den Aufbau des Immunsystems und regt den Lymphabfluss an.

Konzentration

Diese Farbklang-Therapie fördert die Aufnahmefähigkeit – zum Beispiel bei Schulkindern mit Lernschwächen, die durch Konzentrationsmangel entstehen. Empfehlenswert generell in jedem Alter zur Verbesserung und Stabilisierung des Konzentrations- und Erinnerungsvermögens sowie bei Müdigkeit.

Schlafstörungen

Unbewusste Blockierungen wie z. B. außergewöhnliche psychische Belastungen hindern uns daran, in den zum Einschlafen erforderlichen Entspannungszustand und von diesem in den Tiefschlaf zu kommen. Bestimmte Tonfrequenzen helfen, Emotionen während des Tages besser zu verarbeiten und auf diese Weise Ein- und Durchschlafprobleme zu lösen.

Kopfschmerzen/Migräne

Mehr als 180 körperlich und seelisch bedingte Ursachen sind als Auslöser von Kopfschmerzen und Migräne bekannt. Der Schmerz entsteht, wenn die Verkrampfungen im Gehirn sich lösen und ein Ödem entsteht. Die CD eignet sich sowohl für die Linderung von Schmerzzuständen als auch zur Vorbeugung.

Rückenschmerzen

Diese Cassette ist als einzige mit Sprache verbunden. Sie enthält 15 gymnastische Übungen sowie eine Sprache-Klang-Kombination. Empfehlenswert bei seelisch bedingten Beschwerden des gesamten Bewegungsapparates.

Motivation

Hier wird vor allem die emotionale Ebene angesprochen. Sie wirkt gezielt im Mittelhirnbereich, der wichtigsten Verbindung zwischen Körper und Gefühl. Diese Cassette fördert die Entstehung von Emotionen und damit auch die Motivation und Kreativität.

Ganzheit »Geist – Körper – Seele«

Das Set besteht aus 3 verschiedenen Cassetten und zielt auf eine Aktivierung und Optimierung der Gehirn- und Körperfunktionen. Cassette 1 hat direkten Bezug zur Steuerung unserer Sinneswahrnehmungen; Cassette 2 fördert Ausscheidung und Entgiftung. Cassette 3 gilt der psychischen und emotionalen Verfassung. Sie fördert innere Stabilität und Lebensfreude.

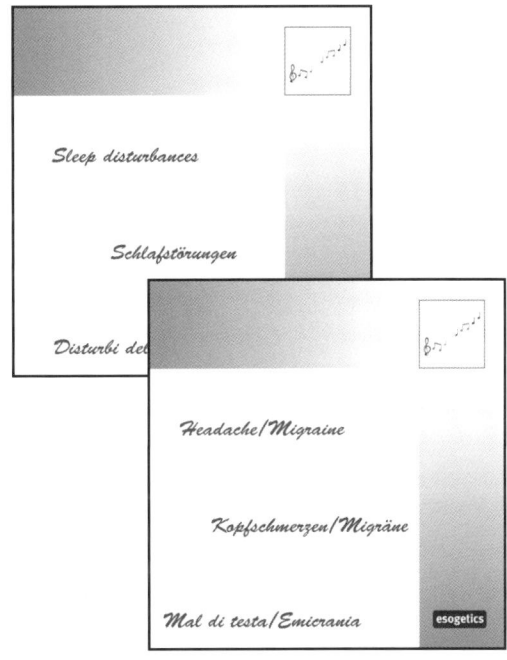

Die Esogetischen Klangbilder

Grundlage dieser Klangbilder ist das von Peter Mandel entwickelte Esogetische Modell, das die Zusammenhänge der Körper- und Bewusstseinsebenen darstellt. Die Wortschöpfung Esogetik steht für die Verschmelzung von Esoterik, dem überlieferten Wissen um die Heilung und Gesunderhaltung von Körper, Seele und Geist, und Energetik.

Die beiden Musikforscher Ludovika Helm und Kay Korten haben die »Verbindungswege« zwischen Körper und (Unter-)Bewusstsein exakt in Tonfolgen und Tonkombinationen umgesetzt. Auf diese Weise können die Esogetischen Klangbilder hauptsächlich im psychischen Bereich wirksam werden – dort also, wo so viele Ursachen von Krankheitsbildern zu finden sind.

Es ist bekannt, dass das menschliche Gehirn auf »Codes« reagiert und sie verarbeitet. Im Bereich der Sprache gibt es die sogenannten Wirk- oder Schlüsselwörter. Im Bereich der Töne kennt man solche Codes gleich auf drei verschiedenen Bewusstseinsebenen: der Bildebene, der Symbolebene und der Ebene der Archetypen. Ludovika Helm und Kay Korten befassen sich seit Jahrzehnten mit der Erforschung dieser Codes (die unter anderem ausschlaggebend sind für den Aufmerksamkeits- und Erinnerungswert eines Werbespots oder den Verkaufserfolg eines Schlagers).

Die für die Esogetischen Klangbilder entschlüsselten Codes bewirken in Verbindung mit den im Esogetischen Modell Peter Mandels enthaltenen Systemen, dass die Tonkombinationen festgelegt sind und nicht – wie beispielsweise bei Meditations-Musiken – nach ästhetischem und künstlerischem Empfinden beliebig gewählt werden.

Die Esogetischen Klangbilder haben exakte mathematische und musikalische Grundlagen nach therapeutischen Vorgaben.

Hierbei wird der Körper als Schlüssel benutzt, um aus dem Erkennen und Interpretieren von Schmerz und Erkrankung auf die wirklichen Inhalte und Aufgaben, also auf das ganz individuelle »Programm« jedes einzelnen Menschen schließen zu können.

Nr. 1: Ausgeglichenheit
Fördert die Bereitschaft, das Leben als eine sich ständig verwandelnde Entwicklung anzunehmen, Altes los- und Neues zuzulassen – die Voraussetzung für Gelassenheit.

Nr. 2: Regeneration
Unterstützt und fördert alle geistigen Verarbeitungsprozesse, die mit Veränderung und Neuorientierung zu tun haben – auch die körperliche Erneuerung im Sinne von Regeneration.

Nr. 3: Selbstsicherheit
Dient als »Wegweiser« zum eigentlichen Kern des Menschen. Je mehr wir erkennen, was in uns als Lebensplan angelegt ist, desto mehr leben wir aus uns selbst heraus, in unserer Mitte. Das ist die Grundlage für Selbstsicherheit.

Nr. 4: Vitalität
Hilft, Wege zu neuen Erkenntnissen zu finden und diese zu verwirklichen. Die Vitalität wird gestärkt. Sicherheit baut sich auf, dass wir allen Aufgaben gewachsen sind, wenn wir nur wollen.

Nr. 5: Selbsterkenntnis
Fördert die Fähigkeit, die eigenen Kräfte zu erkennen. Wir verstehen unsere Hemmungen, Blockaden und Widerstände, die unser Leben beeinträchtigen, und lernen, sie zu verstehen und abzubauen.

Nr. 6: Veränderung
Bestärkt im Wunsch, sich frei zu machen von negativen Gedanken. Wir lernen, starre Verhaltensmuster, die zu Problemen führen können, zu verändern und neue Wege zu gehen.

Nr. 7: Neuorientierung
Zeigt Möglichkeiten, den Sinn des Lebens zu finden. Fördert die Möglichkeit, Depressionen, Melancholie, Trauer und Resignation zu überwinden und das Lebensziel zu erreichen.

Nr. 8: Harmonie
»Was ich begonnen habe, bringe ich jetzt auch erfolgreich zu Ende« ist Thema dieser Cassette. Sie unterstützt Sie dabei, Ihr Lebensziel zu erreichen und ein bewusstes, gesundes und harmonisches Leben zu führen.

Nr. 9: Vollendung
Extrakt der wirkungsvollsten Teile aus den Klangbildern 1- 8 zur Verarbeitung des gesamten Themenkreises. Als Repetition zur Auffrischung aller bereits vermittelten Inhalte.

Esogetisches Wildkräuteröl^{relax}

Das Öl, das unter die Haut geht

Das Esogetische Wildkräuteröl^{relax} ist ein Naturpräparat, das sich die vielfältigen und bewährten Heilkräfte der Natur zunutze macht. Darunter sind unter anderem Öle von Wacholderbeere, Nelke, Zimt, Kümmel, Latschenkiefer, Zedernholz, Lavendel, Pfefferminze, Rosmarin, Anis und Eukalyptus. Die natürlichen Pflanzenöle garantieren für seine Reinheit und sind die beste Voraussetzung für Ausgewogenheit und körperliches Wohlbefinden. Und seine Inhaltsstoffe sind in Bezug auf die ganz speziellen Anwendungsbereiche ideal kombiniert und aufeinander abgestimmt!

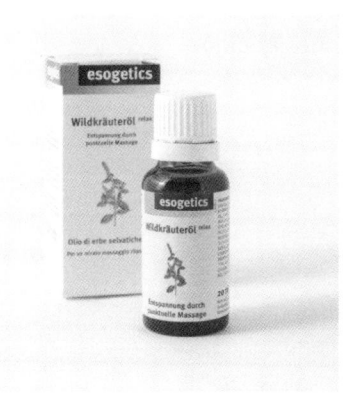

Ausschlaggebend für seine »Einzigartigkeit« ist die Gesamtkomposition aus 22 Einzelbestandteilen, das heißt: Zusammensetzung und Mischungsverhältnis sind beim Esogetischen Wildkräuteröl^{relax} perfekt abgestimmt und deshalb optimal geeignet für die gezielte Anwendung auf bestimmte Hautzonen und Segmente! Über diese sogenannten »Reflexzonen und Segmente« der Haut werden seine Wirkungsstoffe perkutan eingeschleust. Gemeint sind einerseits zum Beispiel die »Head-Zonen«, die schon seit über 100 Jahren ihren festen Platz innerhalb ganzheitlicher therapeutischer Maßnahmen haben, und andererseits spezielle Muskel-segmente. Nicht umsonst ist das Einreiben mit Kräutern und Ölen seit alters her eine unverzichtbare Form der Therapie. Und auf das, was seit Jahrhunderten maßgeblich zur Gesundung und Gesundheit beiträgt, sollten wir auch heute nicht verzichten!

All dieses Wissen liegt nun der Symbiose zwischen der Zusammensetzung des Esogetischen Wildkräuteröls^{relax} und den Zonen und Segmenten zugrunde. Sowohl die übernommenen feststehenden Zonen als auch die von Peter Mandel entdeckten Segmente spielen eine wesentliche Rolle beim Einsatz des Esogetischen Wildkräuteröls^{relax}.

Doch dieses Öl kann noch mehr! So zum Beispiel wird es in Verbindung mit ganz speziellen, von Peter Mandel definierten Hautzonen und -punkten schon seit Jahren als »Traumöl« verwendet. Studien belegen, dass die Anwendung des Esogetischen Wildkräuteröls^{relax} auf diese bestimmten Hautzonen helfen kann, die ganz individuelle Persönlichkeit eines jeden zu unterstützen, ja sogar weiterzuentwickeln.

Das Esogetische Wildkräuteröl^{relax} ist erhältlich in Fläschchen zu 20 ml Inhalt.

Wildkräutertee^{relax}

Trinken Sie auf Ihr Wohlempfinden! Die vierzehn Wildkräuter dieses neuen Tees sind auf die Inhaltsstoffe des Esogetischen Wildkräuteröls^{relax} abgestimmt und entfalten ihre wohltuende Wirkung gezielt im gesamten Bauchraum – also auch in dem Bereich, der allgemein als „Bauchgehirn" bezeichnet wird.

Genießen Sie ein bis zwei Tassen des Esogetischen Wildkräutertees^{relax} am Abend vor dem Einreiben der entsprechenden Traumzonen, damit er seine Wirkung voll entfalten und die Stimulation der Zonen verstärkend unterstützen kann.

Hautschutzsalbe

Die Esogetische Hautschutzsalbe auf Ringelblumenbasis dient zur Pflege der gesunden Haut und zur Vorbeugung. Sie eignet sich vorzüglich als Zusatz zur täglichen Kosmetik, wirkt aber auch hervorragend beispielsweise bei allen Hautunreinheiten. Sie reinigt das Gewebe und regt die Hautdurchblutung an.

In der Therapie wird die Esogetische Hautschutzsalbe zur Wundheilung, bei Ekzemen, Quetschungen und Hautschäden aller Art eingesetzt.

Die Scheiben der Esogetik

Die Scheibe der Elemente

Aus der Erfahrung mit den drei Scheiben Liebe (Herzscheibe), Licht (Traumscheibe) und Leben (Erdenscheibe) entstand die Idee, dass alles auf der Ebene der Materie, also auch unser Körper, von den vier Elementen erschaffen wird. Impulsgeber ist dann das 5. Element Äther, welches die Informationen von oben (Informationsraum) nach unten in die „Raum-Zeit" trägt. Diese Überlegung hat Peter Mandel in eine vierte Scheibe, die er „Scheibe der Elemente" nennt, umgesetzt.

Durch die Beobachtungen der vergangenen 40 Jahre ist Peter Mandel davon überzeugt, dass die vier Elemente mit allen Erkrankungen, Schmerzen und Beschwerden verbunden sind. Er erkannte schon sehr früh, dass die vier Elemente genau definierte Reflexbereiche auf der Körperoberfläche haben. Dabei sind dies holografische Muster, welche rückgekoppelt übergeordnete Funktionen beinhalten und so in der Lage sind regulierende Impulse zu geben.

Die Scheibe des Herzens

Symbolisch wird das menschliche Herz mit den Empfindungen und Gefühlen wie Herzenswärme, Herzensgüte, Hingabe und der Liebe, welche tief in unserem Herzen verankert ist, in Verbindung gebracht.

Die drei großen „L" („LIEBE – LICHT – LEBEN") haben für Peter Mandel die gleiche Bedeutung wie „GEIST – SEELE – KÖRPER" oder „INFORMATION – ENERGIE – MATERIE".

Alle diese Begriffe beschreiben die „Ganzheit und Einmaligkeit" unseres Wesens. Die Scheibe des Herzens lässt uns dies erkennen und fühlen. Dadurch werden wir Veränderungen in unserem Leben spüren, welche die Qualität der Ruhe und „das zu sich selbst Kommen" in sich tragen. Viele Beschwerden, welche durch unsere Umwelt entstehen, wie Stress oder Aggression, werden gemildert oder ganz aufgehoben.

Zu Beginn empfiehlt sich die tägliche Anwendung. Später reicht es aus, mehrmals in der Woche die Scheibe des Herzens aufzulegen. Oder man trägt sie bei sich, vielleicht über dem Herzen positioniert.

Die Scheibe des Lichts (Traumscheibe)

Zur Intensivierung der Traumaktivität hat Peter Mandel die Symbolik der zehn antiken Planeten, welche als Archetypen verstanden werden können, bearbeitet. Hier reifte in vielen Jahren die Idee, das Pentagramm in seiner doppelten Darstellung als Therapie zu nutzen.

Was immer dem Pentagramm durch die verschiedenen Zeiten und Kulturen, Religionen und Philosophien angedichtet wurde, für Peter Mandel steht es nach so vielen Jahren der Beobachtung am Menschen fest, dass man ihm durch den Einsatz der „Pentagramm-Traumscheibe" helfen kann, seine Mitte wieder zu finden.

Die Traumscheibe verhilft zu tiefer Ruhe und zu einer Verbesserung der Schlafbereitschaft. Weitere Reaktionen sind die Zunahme der erinnerlichen Traumaktivität und die Verbesserung der Regeneration von Körper und Nervensystem durch Ausgleich der Schlafrhythmik. Für die Gesunderhaltung sowie die Gesundung ist der rhythmische Schlaf unabdingbar, ebenso die erinnerlichen Träume, welche die Botschaften unserer Seele in das Wachbewusstsein transportieren.

Die Scheibe der Erde

Nach der Traumscheibe (Scheibe des Lichts) und der Herzscheibe (Scheibe der Liebe) hat Peter Mandel die **Scheibe der Erde (Scheibe des Lebens)** entwickelt.

Das Konzept dieser Scheibe basiert auf der heiligen Geometrie und der damit verbundenen „Blume des Lebens". Wenn wir die Schwingungen höherer Welten spüren möchten, so brauchen wir Medien, welche uns dies ermöglichen. Die Vibration in Bezug auf die Zelle ist Voraussetzung für das Leben. Hört Vibration auf, so ist auch der wechselseitige Informationsfluss der Zellen gestört oder aufgehoben.

So ist die Scheibe des Lebens ein bestens geeignetes Medium, um die Kommunikation der Zellen des Körpers wieder in Gang zu bringen.

Die Scheibe der Erde hat keine spezifische Indikation. Da sie aber dem Körper und damit dem Zellbewusstsein zugeordnet ist, bezieht sie sich auf alle Blockaden zellulärer Strukturen. Die Anwendung dieser Scheibe ist besonders auf die Segmentzonen des Körpers ausgerichtet und ist in der Lage, Blockaden sanft zu lösen.